독자의 1초를
아껴주는 정성을
만나보세요!

세상이 아무리 바쁘게 돌아가더라도 책까지 아무렇게나 빨리 만들 수는 없습니다.
인스턴트 식품 같은 책보다 오래 익힌 술이나 장맛이 밴 책을 만들고 싶습니다.
땀 흘리며 일하는 당신을 위해 한 권 한 권 마음을 다해 만들겠습니다.
마지막 페이지에서 만날 새로운 당신을 위해 더 나은 길을 준비하겠습니다.

KAITEI 5HAN ZUKAI DE YOKU WAKARU NETWORK NO JUYO YOGO KAISETSU

by Ryuji Kitami

Copyright © 2020 Ryuji Kitami

All rights reserved.

Original Japanese edition published by Gijutsu-Hyoron Co., Ltd., Tokyo

This Korean language edition published by arrangement with Gijutsu-Hyoron Co., Ltd.,
Tokyo in care of Tuttle-Mori Agency, Inc., Tokyo through Botong Agency, Seoul.

그림으로 이해하는 네트워크 용어
NETWORK KEY TERMINOLOGY EXPLANATION

초판 발행 · 2022년 4월 30일
초판 2쇄 발행 · 2023년 1월 10일

지은이 · 기타미 류지
옮긴이 · 성창규
발행인 · 이종원
발행처 · (주)도서출판 길벗
출판사 등록일 · 1990년 12월 24일
주소 · 서울시 마포구 월드컵로 10길 56(서교동)
대표전화 · 02)332-0931 | **팩스** · 02)323-0586
홈페이지 · www.gilbut.co.kr | **이메일** · gilbut@gilbut.co.kr

기획 및 책임편집 · 이원휘(wh@gilbut.co.kr) | **디자인** · 장기춘 | **제작** · 이준호, 손일순, 이진혁
마케팅 · 임태호, 전선하, 차명환, 박민영, 지운집, 박성용 | **영업관리** · 김명자 | **독자지원** · 윤정아, 최희창

교정교열 · 전도영 | **전산편집** · 박진희 | **출력 · 인쇄** · 예림인쇄 | **제본** · 예림바인딩

ISBN 979-11-6521-965-9 93000
(길벗 도서번호 080287)

정가 18,000원

독자의 1초를 아껴주는 정성 길벗출판사
(주)도서출판 길벗 | IT교육서, IT단행본, 경제경영서, 어학&실용서, 인문교양서, 자녀교육서 www.gilbut.co.kr
길벗스쿨 | 국어학습, 수학학습, 어린이교양, 주니어 어학학습, 학습단행본 www.gilbutschool.co.kr

페이스북 · www.facebook.com/gbitbook

그림으로 이해하는 네트워크 용어

기타미 류지 지음 · **성창규** 옮김

길벗

컴퓨터 용어는 대부분의 사람들이 어렵게 느낍니다. 전문 용어밖에 없어서 더 어려워 보이기도 하지만, 약칭을 사용하는 경우가 많은 점도 한 가지 원인일 것입니다. 그중에서도 네트워크에 관련된 것은 아무래도 약칭만으로는 의미를 추측할 수 없습니다. 게다가 비슷한 철자도 많습니다. 저도 처음에는 DNS와 DHCP를 구별할 수 없었습니다.

그런데 기술자로 일하면서 이런 말의 의미를 물어보면 더욱 어려운 전문 용어로 대답해 주거나 '원래 그래'를 시작으로 더욱 깊은 내용을 설명하는 경우가 많습니다. 어느 정도는 알아듣더라도 계속 어려운 말을 반복하면 머리도 아프고 그만 듣고 싶어집니다. 이런 식으로 어렵다는 선입견을 갖게 된 사람도 적지 않을 것입니다.

하지만 이런 선입견을 가진 사람도 일상에서 익숙한 것에 빗대거나 그림을 그려서 알려 주면 의외로 쉽게 이해하곤 합니다. 즉, 이해하지 못했던 것은 '개념을 잡기 어렵다', '머릿속에서 그림을 그리기 어렵다'는 점 때문이었습니다. 개념이 잡히면 어떤 동작을 하는 것인지, 어떤 역할을 하는 것인지 이해할 수 있는데, 그 '개념을 잡는다', '이미지화한다'라는 것이 의외로 큰 벽인 것이지요.

'그럼 머릿속에 있는 개념을 그림으로 전달해 볼까?'

이 책은 이러한 생각에서 태어났습니다.

말로는 설명하기 어렵더라도 '아! 이런 개념이었구나'라고 그림으로 설명하면 대체로 의미는 추측할 수 있을 것이라고 생각했습니다. '개념을 이해하고 설명만으로 알 수 있다면 좋겠지만' 이런 것이 어려운 분들에게 이 책이 조금이나마 도움이 된다면 다행이라고 생각합니다.

2007년 11월

기타미 류지

이 책은 2003년 1월에 초판이 발행되어 그 후 3~5년 주기로 개정을 거듭해 왔습니다. 이번 5판은 4판이 나온 2014년 이후 6년 만에 선보이는 것으로, 이전의 주기보다 조금 더 공백이 길었습니다.

고맙게도 4판이 출간되고 나서 4년이 지난 2018년경부터 "슬슬 다음 판이 나오나요?"라고 문의해 주신 독자 분들이 많아졌으므로, 더 이상 기다리게 할 수 없어 개정판을 쓰게 되었습니다.

비슷한 종류의 책이 그다지 없어서 '특이하다'는 평으로 시작된 이 책은 독자 여러분이 오랫동안 사랑해 주셨습니다. 그 덕분에 당시 초보자였던 분들이 상급자가 되어 후배들에게 이 책을 추천하게 되었고, 이어서 그 후배들도 몇 년 후 자신의 후배들에게 소개해 준 덕분에 이 책은 스테디셀러로 커나가게 되었습니다.

그래서 이번 개정은 앞으로 10년 동안 꾸준히 사랑받는 책으로 남을 수 있도록 '모든 글을 다시 작성하고, 모든 일러스트도 다시 그리고, 요즘 트렌드의 내용도 추가하고, 하는 김에 전부 컬러로 구성하자'라는 생각에서 많은 공을 들여 재구성했습니다. 한마디로 '예전의 독자가 다시 구입하고 싶어지도록!'이 이번 개정판의 모토입니다.

정말로 다시 구입할지 어떨지는 제쳐 두고, 지금처럼 선배가 후배에게 전해 주며 계속 사랑받는 책으로 남는다면 더 바랄 게 없습니다.

'사회 초년생 때 이 책이 많은 도움이 되었습니다.'

가끔 듣는 이러한 말이 지금은 제게도 큰 힘이 되고 있습니다.

끝으로, 이 책을 구매해 주셔서 감사합니다. 이 책의 내용이 누군가에게 도움이 되면 좋겠습니다.

2020년 3월

기타미 류지

이 책의 특징

이 책은 네트워크에서 중요한 용어를 다양한 그림으로 설명합니다. 그림으로 각 용어의 내용이나 동작에 대한 개념을 잡을 수 있도록 이해하기 쉽게 구성되어 있습니다. 따라서 일러스트의 그림을 머릿속에 새기면서 읽으면 좋습니다.

이 책은 처음부터 차례대로 읽을 필요가 없으며, 잘 모르거나 신경이 쓰이는 용어부터 읽어도 무방합니다. 물론 1장부터 순서대로 읽어도 좋습니다.

용어 해설 부분의 구성

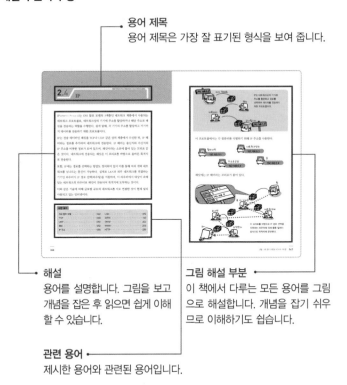

용어 제목
용어 제목은 가장 잘 표기된 형식을 보여 줍니다.

해설
용어를 설명합니다. 그림을 보고 개념을 잡은 후 읽으면 쉽게 이해할 수 있습니다.

관련 용어
제시한 용어와 관련된 용어입니다.

그림 해설 부분
이 책에서 다루는 모든 용어를 그림으로 해설합니다. 개념을 잡기 쉬우므로 이해하기도 쉽습니다.

IT가 생활의 일부가 되었다고는 하지만 아직도 낯설게 느끼는 사람들이 많습니다. 특히 네트워크 분야는 약어나 외국어의 비중이 높고 자주 접하지 않는 용어가 많으므로 IT를 잘 알고 있는 사람이라고 하더라도 의외로 잘 모르는 경우가 많습니다.

이 책은 IT에 문외한인 사람뿐 아니라 네트워크에 대한 지식이 전혀 없는 사람도 볼 수 있도록 그림을 사용해 알기 쉽게 설명하고 있습니다.

이 책의 원서는 약 19년 전인 2003년에 처음 출판되어 오랜 기간 동안 사랑받아 왔으며, 현재 실정에 맞도록 3~5년 주기로 개정판을 출간하면서 그 내용을 수정해 왔습니다. 한국과 일본의 네트워크 환경이 다르기 때문에 다소 생소한 정보가 등장하기도 하지만, 네트워크에 대해 폭넓게 공부한다는 생각으로 모두 읽어 주셨으면 합니다.

또한, 오역이 있다면 주저 없이 지적해 주세요.

바로 옆 나라인 일본에 있으면서도, 코로나 때문에 오랫동안 한국을 오가지 못하고 있습니다. 한국에 계신 어머니와 형제 자매들, 친구들께 안부를 전합니다. 그리고 늘 곁에서 응원해 주는 아내에게 감사를 전합니다.

마지막으로, 번역을 하는 데 많은 도움을 주신 길벗출판사 분들게 감사의 인사를 전하고 싶습니다.

2022년 4월

성창규

인터넷을 모르는 사람은 없지만, 인터넷의 핵심인 네트워크에 대해 아는 사람은 많지 않습니다. 요즘은 청소기, TV, 냉장고 등의 가전제품부터 자동차 같은 대형 기계까지 사물인터넷으로 인터넷에 연결돼 정보를 주고받습니다.

이 책은 네트워크에 대해 친근하고 이해하기 쉽게 설명해 줍니다. 또한, 전화선을 통한 예전의 통신 방식부터 최근의 통신 기술에 이르기까지 시간순으로 네트워크의 발전사를 살펴볼 수 있습니다. 이는 최신 기술을 익힐 때 알아두면 도움이 되는 지식들이라고 생각합니다. 네트워크를 처음 배우는 학생이나 인터넷 기술이 궁금한 분이라면 가벼운 마음으로 읽을 수 있는 재미있는 책입니다. 누구라도 네트워크와 친해지도록 도와줄 좋은 안내서라고 생각합니다.

– 신진규 / JEI 책임연구원

그림으로 배우는 이런 류의 책들을 지금껏 많이 봐왔는데, 이 책의 그림 스타일이 그중 제일 귀여운 것 같습니다. 이 후기를 쓰면서 '그림에 대한 이런 느낌도 과연 이 책의 장점으로 꼽을 수 있을까?'라고 생각하기도 했지만, 다른 간단한 그림이나 도식화된 그림을 넣은 책보다 확실히 더 가벼운 마음으로 집어 들 수 있었고 전문적인 이야기를 읽으면서도 저자의 의도대로 즐겁게 페이지를 넘길 수 있었던 것은 분명합니다.

네트워크 용어를 보면서 동작 원리나 개념을 자연스럽게 같이 이해할 수 있었는데, 확실히 텍스트 위주로 설명하는 네트워크 개론서보다는 쉽게 이해되었습니다. 용어별로 정리되어 있는 책이므로 가까이 두고 필요할 때마다 펼쳐 보려고 합니다(가끔 머리도 식힐 겸).

– 신지후 / 프리랜서

8장 인터넷 기술 ····· 235

9장 모바일 네트워크 ····· **285**

memo

1장

네트워크 개론

1.1 LAN과 WAN

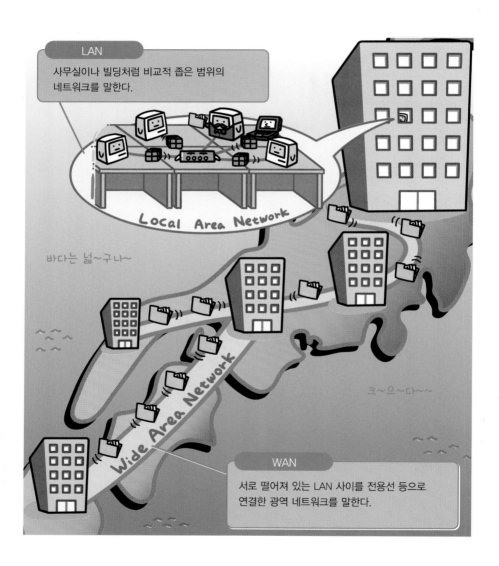

LAN

사무실이나 빌딩처럼 비교적 좁은 범위의
네트워크를 말한다.

Local Area Network

바다는 넓~구나~

Wide Area Network

크~으~다~~

WAN

서로 떨어져 있는 LAN 사이를 전용선 등으로
연결한 광역 네트워크를 말한다.

네트워크란 정보가 전송되는 경로를 말한다. 예를 들어 우리는 일상에서 별생각 없이 전화기를 사용해 통화하곤 하는데, 이는 전화기가 공중 회선이라는 네트워크에 연결되어 있기 때문에 가능한 일이다. 종이컵에 실을 연결하면 서로 대화할 수 있다는 걸 떠올려 보자. '소리의 파형이 실에 전달되어…'와

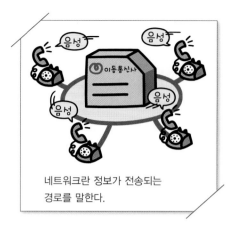

네트워크란 정보가 전송되는 경로를 말한다.

같은 설명의 다양한 원리가 있지만, 핵심은 '음성을 전달할 수 있는 네트워크'에 종이컵 두 개가 연결되어 있다는 것이다.

실 전화의 경우 네트워크라고 해 봐야 단순한 실 한 개에 불과하지만, 앞에서 말한 것처럼 '네트워크란 정보를 전달하는 경로'이며 이 경로가 무엇으로 만들어졌는지는 상관없다. 거기로 정보가 전달된다면 실 한 개라 해도 훌륭한 네트워크다.

실 전화도 훌륭한 네트워크다.

즉, 네트워크란 무언가 특별한 것이 아니다. 컴퓨터의 경우 네트워크상에 전달되는 정보가 음성이 아니라 파일 같은 '전자 데이터'가 될 뿐이다. 다만 전자 데이터는 무엇이든 표현할 수 있어서 모든 일에 다 활용할 수 있으므로 조금 특별해 보이는 것이다.

컴퓨터가 연결된 네트워크를 말할 때 빼놓을 수 없는 용어가 LAN과 WAN이다.

LAN이란 Local Area Network의 약어로, 사무실이나 빌딩 내부처럼 비교적 좁은 범위의 네트워크를 말한다.

최근에는 여러 대의 정보 기기(컴퓨터와 스마트폰 등)를 갖춘

좁은 범위의 네트워크를 표현하는 용어: LAN

가정도 늘고 있다. 이러한 가정에 구축하는 네트워크도 LAN이라고 한다.

LAN은 다양한 규격이 있으며 토폴로지(연결 형태)는 버스 토폴로지, 스타 토폴로지, 링 토폴로지 등이 있다. 특히 허브를 사용한 토폴로지인 스타 토폴로지의 LAN이 가장 많이 사용하는 형태다.

LAN을 구축하는 장점은 네트워크를 구축하는 장점 그 자체라고 해도 좋을 것이다. 예를 들어 파일 같은 전자 데이터나 프린터 같은 외부 기기를 자원이라고 하는데, 이러한 자원을 공유하는 것이 주목적이다. 현재 주류를 이루고 있는 마이크로소프트의 윈도(Windows) OS를 비롯한 대부분의 정보 기기에는 네트워크 기능이 기본으로 내장되어 있으므로 이러한 혜택을 쉽게 누릴 수 있다.

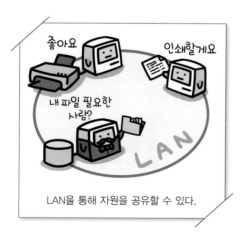

LAN을 통해 자원을 공유할 수 있다.

WAN이란 Wide Area Network의 약어로, 멀리 떨어져 있는 LAN 사이를 전용선 등으로 연결한 광역 네트워크를 말한다. 예를 들어 회사의 지사 사이를 연결하는 네트워크를 떠올려 보자.

서로 떨어진 LAN 사이를 연결한 광역 네트워크: WAN

WAN에 사용된 전용선이 비싼 전용선이 아니라면 일반적으로 LAN보다 속도가 많이 느리다. 그렇기 때문에 지사 사이를 연결했다고 해도 LAN과 똑같은 속도로 파일을 공유하거나 외부 기기를 공유하는 등의 목적으로 사용하는 것은 적합하지 않다. 대부분 업무상 필요한 데이터를 주고받거나 인사 관리 등의 핵심 업무를 중앙에서 관리하기 위해 사용한다.

많은 곳에 보급되어 현재는 널리 사용되고 있으며, 인터넷도 넓은 의미에서는 WAN의 한 종류라고 할 수 있다. 인터넷이 언뜻 보기에는 매우 커다란 네트워크 인프라로만 보이지만, 어떻게 보면 전 세계의 LAN 사이를 모두 연결한 것으로도 볼 수 있기 때문이다.

인터넷도 WAN의 한 종류

예전에 WAN을 구축하려면 고가의 전용선을 사용하는 방법밖에 없었지만, 최근에는 암호화 통신 기술이 발달하면서 중간 경로에 인터넷을 사용하여 저렴하게 구축하는 사례도 많아졌다.

1.2 클라이언트와 서버

네트워크에 등장하는 인물로는 '서버'와 '클라이언트'가 있다. 이러한 이름의 컴퓨터가 있는 것은 아니고, 컴퓨터의 역할을 표현하기 위해 사용하는 말이다.

서버란 네트워크의 지배인을 말한다.

서버란 '지배인'을 의미한다. 고급 레스토랑에 갔을 때 자리를 안내해 주거나 메뉴를 가져다주거나 잘 모르는 것을 알려 주는 친절한 사람이 지배인이며, 네트워크에서 이 역할을 수행하는 것이 서버의 일이다.

반대로 클라이언트는 '의뢰인'을 의미한다. "저거 해 주세요.", "이거 주세요."라고 부탁하는 사람이며, 역할로 말하면 레스토랑에 온 손님이다. 자리를 안내받아서 주문하거나 질문을 하고, 서버(지배인)에게 다양한 요구를 한다.

레스토랑에서는 손님이 주인공인 것처럼 네트워크에서도 주인공은 클라이언트다. 서버는 어디까지나 보조 역할이며, '무엇을 하고 싶은지' 능동적으로 요청하는 것은 클라이언트의 일이다. '서비스를 제공하는 사람'과 '서비스를 받는 사람'이 상호 작용함으로써 네트워크에서는 정보가 오가게 된다.

주인공은 의뢰인인 클라이언트

컴퓨터가 5~6대 정도인 소규모 LAN의 경우 서버용으로 전용 컴퓨터를 설치하는 경우는 드물고, 대부분 Peer-to-Peer(피어 투 피어) 형태의 네트워크가 된다.

여기요

여기요

Peer-to-Peer는 서로 자원을 공유한다.

Peer-to-Peer형 네트워크는 네트워크의 클라이언트가 서로 파일이나 프린터 등의 자원을 공유하는 형태다. 다른 컴퓨터의 자원을 사용할 때는 클라이언트로서 요청을 보내고, 자신의 파일이나 프린터를 사용하고 싶다고 요청을 받을 경우는 서버가 된다.

이러한 형태일 경우 고급 레스토랑의 지배인과 같은 역할은 없다. 각 컴퓨터가 경우에 따라 서버가 되고, 때로는 클라이언트가 되는 등 그때그때의 상황에 따라 역할이 바뀐다.

이와 같이 Peer-to-Peer형 네트워크는 각 컴퓨터가 동등한 권한을 갖고 있으며 서로 독립되어 있다. 따라서 네트워크에 컴퓨터를 추가하거나 반대로 네트워크 연결을 끊을 때도 누군가의 허락을 받을 필요 없이 자유롭게 할 수 있다. 이러한 점에서 쉽게 사용할 수 있는 네트워크 형태라고 할 수 있다.

바이바이

어서 오세요

일단 빠질게요

LAN

참가합니다

네트워크에 자유롭게 접속할 수 있다.

이와 반대로, 서버용으로 전용 컴퓨터를 설치하여 네트워크를 관리하는 방법도 있다. 이를 클라이언트 서버형이라고 하는데, 네트워크 형태로 네트워크 관리를 서버에서 일괄로 수행한다.

클라이언트 서버는 서버에서 일괄 관리한다.

예를 들어, 지배인이 있는 레스토랑은 안내를 받을 때까지 자리에 맘대로 앉을 수 없다. 안내를 받은 후에 요구를 전달하고 자리에 앉아 필요한 서비스를 받는다. 클라이언트 서버형 네트워크도 이와 마찬가지다. 컴퓨터가 네트워크에 접속하는 순간부터 서버의 허가를 받아야 한다. 서버에 있는 파일이나 프린터 등을 이용할 때도 의뢰를 한 뒤에 필요한 서비스를 받을 수 있다.

어떻게 생각하면 불편해 보이는 방법이지만, 서버에서 일괄로 관리할 수 있기 때문에 어느 정도 규모가 큰 네트워크라면 반대로 관리하는 노력이 줄어든다. 뭐든 그렇지만, 참가하는 사람이 늘어나면 이상한 사람도 있고 싸움이 나기도 하는 것이 일반적이다. 일괄로 관리가 되면, 이러한 경우 보안상 바람직하지 않은 사용자에게 제한을 걸 수도 있고, 네트워크에 접속하는 것을 거부하는 등 한 곳에서 유연하게 서비스의 구성을 변경할 수 있으므로 관리에 큰 노력이 들지 않는다.

네트워크 전체를 유연하게 관리할 수 있다.

1.3 네트워크를 구성하는 장비

라우터
서로 다른 네트워크를 상호 연결하기 위한 기기다.

허브
LAN 케이블의 집선 장치로, 컴퓨터 여러 대를 연결한다.

LAN 케이블
컴퓨터를 물리적으로 연결하기 위한 케이블이다.

NIC
컴퓨터를 네트워크에 연결하는 확장 포트다.

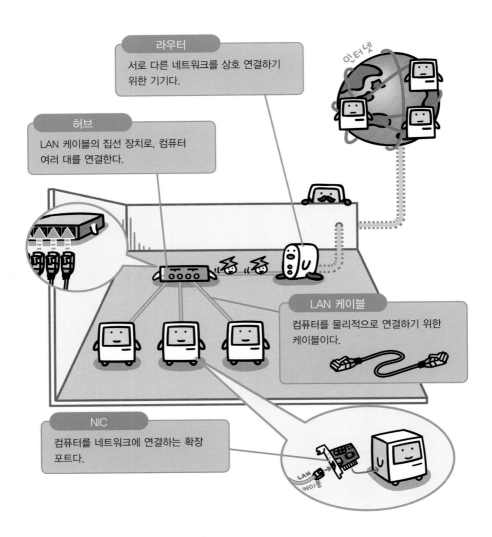

네트워크를 물리적으로 연결하는 방법에는 네트워크에 흐르는 전기 신호의 정의, 통신 내용을 전송하는 방법 등 여러 가지 규칙이 정해져 있다. 이러한 규칙을 따르는 장비로 네트워크를 구성하면 컴퓨터의 종류에 구애받지 않고 다양한 정보를 주고받을 수 있다.

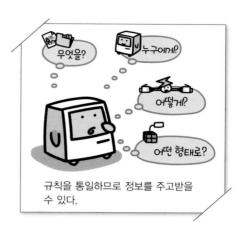

규칙을 통일하므로 정보를 주고받을 수 있다.

'규칙을 따르는 장비 구성'은 실생활의 유선 전화와 비슷하다. 유선 전화는 집에 있는 전화 단자에 전화기 케이블을 연결하여 사용한다. 우리는 통화할 때 전화기의 종류(다양한 기능을 가진 전화기인지 혹은 아주 단순한 전화기인지)는 의식하지 않는다. 전화기가 아날로그 공중 회선을 사용하기 위한 규칙을 따르기 때문이다. 따라서 음성을 전화선에 신호로 보내는 부분이 동일하다면 전화기를 같은 기종으로 맞출 필요가 없다.

전화도 네트워크도 변환이라는 의미에서는 같다.

전화와 컴퓨터 네트워크의 차이를 살펴보면, 컴퓨터는 이러한 신호 교환 기능을 갖추지 못해서(전화기와 같이 전용 장비가 아니므로) 공중 회선에 연결하는 것만으로 끝나지 않는다는 점을 들 수 있다. 컴퓨터는 다양한 장치를 조합하여 사용 목적에 적합한 네트워크를 구축해야 한다.

LAN의 표준으로 널리 보급된 이더넷(Ethernet)에서 네트워크를 구성하는 기기로는 NIC, LAN 케이블, 허브, 라우터 등이 대표적이다.

NIC는 전기 신호와 전자 데이터의 번역기

NIC(Network Interface Card)는 컴퓨터를 네트워크에 연결하기 위해 꼭 필요한 확장 포트다. NIC에는 LAN 케이블을 연결하기 위한 포트(연결부)가 설치되어 있다. 컴퓨터의 데이터를 전기 신호로 변환하여 이 포트를 통해 전송한다. 다른 사람이 보내는 데이터도 이쪽으로 수신한다. 이 경우 수신한 전기 신호를 원래의 데이터로 복원하여 컴퓨터에 전달한다. 말하자면, 네트워크와 컴퓨터 사이에서 중개 역할을 하는 번역기 같은 것이다.

요즘 컴퓨터는 대부분 네트워크 이용을 전제로 하고 있기 때문에 통상적으로 처음부터 기능이 내장된 형태로 출시된다.

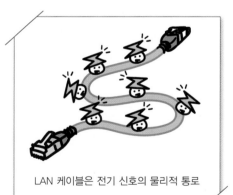

LAN 케이블은 전기 신호의 물리적 통로

LAN 케이블은 물리적으로 컴퓨터를 연결하는 케이블이다. 비유하자면 전화기를 공중 회선에 연결하기 위한 전화선 단자 같은 것이다. 케이블을 NIC 포트에 꼽아서 컴퓨터끼리 연결하면 데이터를 보내기 위한 경로가 설정된다.

허브는 LAN 케이블의 집선 장치이며, LAN 케이블을 연결하기 위한 포트를 여러 개 가지고 있어 그 수만큼 컴퓨터를 연결할 수 있다.

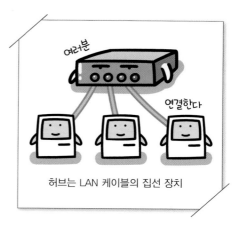

허브는 LAN 케이블의 집선 장치

이 장치는 연결된 LAN 케이블 사이의 전기적인 중계기다. 따라서 허브에 연결된 컴퓨터는 서로 LAN 케이블로 연결된 상태가 되는 것이다. 이를 통해 여러 대의 컴퓨터끼리 서로 정보를 보내고 받을 수 있는 환경이 구성된다.

지금까지 컴퓨터를 서로 연결하여 LAN을 구성하기 위한 기본적인 장비를 소개했다. 컴퓨터가 이렇게 물리적으로 접속되고 한 대 한 대가 연결되어 여러 대가 정보를 주고받는 식으로 확장된다는 사실이 실감되는가?

마지막으로 소개하는 라우터는 다른 기기와 성격이 조금 다르다. 라우터는 다른 네트워크를 서로 연결하기 위해 사용되는 기기다. 예를 들어 LAN과 인터넷을 연결하거나 지사 간 LAN끼리 연결하는 WAN을 구축하는 경우에 필요한 장비로, 통신 데이터가 어떤 네트워크에 전송되어야 하는지 판단하고 적절한 장소에 전송하도록 분별하는 기계다.

라우터는 네트워크를 분별하는 기기

1.4 네트워크 서비스

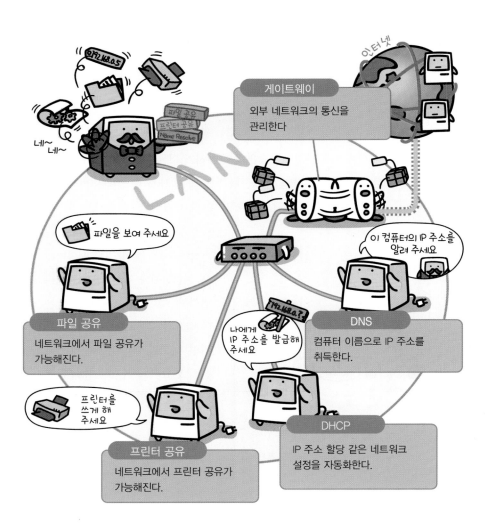

게이트웨이
외부 네트워크의 통신을 관리한다

파일을 보여 주세요

이 컴퓨터의 IP 주소를 알려 주세요

파일 공유
네트워크에서 파일 공유가 가능해진다.

나에게 IP 주소를 발급해 주세요

DNS
컴퓨터 이름으로 IP 주소를 취득한다.

프린터를 쓰게 해 주세요

프린터 공유
네트워크에서 프린터 공유가 가능해진다.

DHCP
IP 주소 할당 같은 네트워크 설정을 자동화한다.

서비스란 서버가 네트워크에서 제공하는 기능이다. 예를 들어 파일을 공유하거나 프린터를 공유하는 것이 이에 해당한다. 네트워크상의 서버가 공유 서비스 역할을 활성화하고 있기 때문에 클라이언트가 이 서비스들을 사용할 수 있다.

서비스는 서버가 제공하는 기능이다.

원래 서버라는 것은 특별한 기기가 아니라 '서비스를 제공하는 측의 컴퓨터'를 가리키는 말이다. 따라서 파일 공유와 같이 어떠한 서비스를 네트워크에 제공하는 것은 전부 서버 역할을 수행한다고 할 수 있다. 이러한 서비스에는 개개인이 자신의 컴퓨터 리소스를 공유하기 위해 사용하는 경우부터 네트워크 전체를 원활하게 관리 · 운영하기 위해 꼭 있어야 하는 경우까지 다양한 종류가 있다.

전자의 대표적인 예는 파일 및 프린터 공유 서비스다. 특히 프린터 공유는 프린터 한 대만 준비하면 네트워크상의 어디에서든지 인쇄가 가능하기 때문에 LAN을 구성한다면 꼭 사용하는 서비스다.

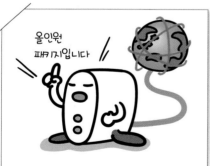

가정용 라우터에도 다양한 서버 기능이 구현되어 있다.

후자에 해당하는 관리 · 운영의 대표적인 예는 DHCP와 DNS다. 요즘은 가정용 라우터(공유기)에도 이러한 관리 기능이 일부 포함되어 있어 LAN을 구축하기 쉽게 되어 있다.

DHCP(Dynamic Host Configuration Protocol)는 클라이언트에 대한 네트워크 설정이나 IP 주소 할당을 자동화하기 위한 서비스다.

네트워크상의 각 클라이언트는 DHCP 서버에 요청하여 자신이 사용할 IP 주소를 할당받아 네트워크에 연결할 수 있다. 이 IP 주소는 TCP/IP 네트워크에서 각 컴퓨터를 식별하기 위해 사용된다. 그렇기 때문에 네트워크에 연결하는 컴퓨터는 당연히 서로 중복되지 않는 주소를 할당받아 사용해야 한다. 이러한 관리에 따르는 수고를 이 서비스를 통해 줄일 수 있다.

DHCP는 IP 주소 할당 같은 설정을 자동화한다.

비슷한 이름의 DNS(Domain Name System)는 IP 주소와 컴퓨터 이름을 관리하는 서비스다. 이 서비스를 통해 컴퓨터 이름으로 IP 주소를 알아낼 수 있으므로, 우리가 컴퓨터에 접근할 때 기억하기 어려운 IP 주소 대신에 기억하기 쉬운 컴퓨터 이름을 사용할 수 있다.

DNS는 컴퓨터 이름으로 IP 주소를 취득한다.

이 서비스가 실행되고 있는 네트워크에서 클라이언트 쪽의 설정은 대부분 자동화되어 있다. 따라서 네트워크 구성 변경도 따로 작업하지 않고 유연하게 대응할 수 있다.

네트워크 관리 외에 LAN을 편리하게 사용하기 위한 서비스도 있다.

예를 들어, NTP(Network Time Protocol)라는 서비스는 이 서비스가 실행되고 있는 컴퓨터의 시간으로 모든 컴퓨터의 시각을 동기화시킬 수 있다.

실생활에서 보면, 집에 있는 여러 정보 장치가 동시에 인터넷을 이용

NTP는 시각을 동기화시킨다.

할 수 있는 것도 이러한 서비스가 있기 때문이다. 본래 외부 네트워크와 통신하기 위해서는 통신하는 장비 수만큼(전 세계에서 고유한 값이 된다) IP 주소가 필요하지만, 외부 네트워크의 출입구가 되는 게이트웨이는 한 개의 IP 주소를 여러 대의 장비와 공유 가능한 기능(IP 마스커레이드)이 실행되고 있어 여러 대의 장비를 인터넷 등에 동시에 접속시켜 준다.

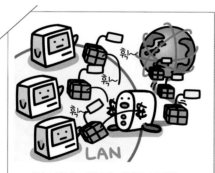

게이트웨이는 외부와 내부를 연결하는 출입구

이와 같이 네트워크는 서비스의 조합에 의해 움직인다. 즉, 네트워크에서 실행 가능한 것은 '어떤 서비스가 그 네트워크에서 실행되고 있는지'에 따라 결정된다. 네트워크의 기능은 새로운 서비스를 추가함으로써 얼마든지 유연하게 확장할 수 있다.

1.5 인터넷 기술

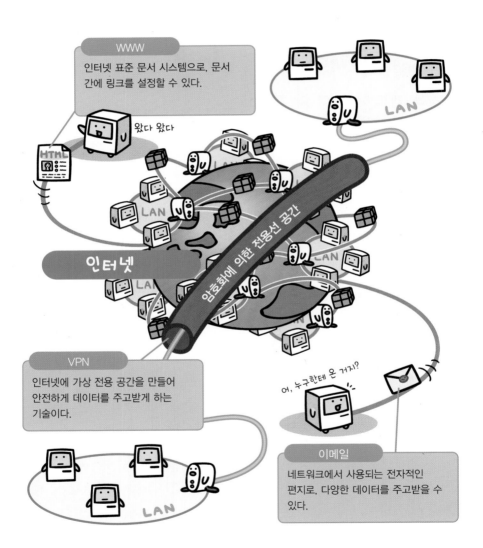

WWW
인터넷 표준 문서 시스템으로, 문서 간에 링크를 설정할 수 있다.

왔다 왔다

인터넷

암호화에 의한 전용선 공간

VPN
인터넷에 가상 전용 공간을 만들어 안전하게 데이터를 주고받게 하는 기술이다.

어, 누구한테 온 거지?

이메일
네트워크에서 사용되는 전자적인 편지로, 다양한 데이터를 주고받을 수 있다.

LAN 사이를 상호 연결하여 이를 전 세계 규모로 확장한 네트워크가 인터넷이다. 예전에는 학술 연구의 목적으로 사용되었지만, 일반 사용자에게 개방한 후 큰 주목을 받아 폭발적으로 보급되었다.

요즘은 상업적으로도 활발하게 사용되고 있으며, 인터넷이라는 단어는 실생활에 없어서는 안 될 인

인터넷은 세계적인 규모의 네트워크다.

프라로 자리매김하고 있다. 특히 눈부시게 발전하고 있는 스마트폰 등의 모바일 단말기 분야에서는 인터넷 접속이 서비스 이용의 대전제라고 해도 과언이 아니다.

이러한 네트워크는 TCP/IP라는 네트워크 프로토콜을 기반으로 하고 있다. 이 기반에 따라 데이터 전송을 담당하는 것이 인터넷 프로토콜(Internet Protocol, IP)이며, 네트워크상의 각 컴퓨터는 IP 주소(IP address)(인터넷 규약 주소)에 의해 식별된다.

라우터끼리 물통 릴레이를 하는 것처럼 데이터를 보낸다.

다음으로 라우터는 LAN과 LAN을 연결하는 역할을 한다. 라우터가 경로를 선택하면, 물통 릴레이를 하는 것처럼 데이터를 전달하여 목적지 네트워크에 통신 데이터를 전송하는 구조다.

인터넷에서 가장 많이 사용되고 있을 서비스가 WWW(World Wide Web)와 이메일이다.

WWW는 인터넷에서 표준으로 사용되고 있는 문서 시스템으로, 인터넷 보급의 원동력이 된 서비스다. 가장 많이 사용하는 서비스이므로 인터넷이라는 말이 그대로 WWW를 나타내는 경우도 적지 않다.

WWW는 전 세계를 망라한 문서 시스템이다.

WWW에서 문서는 HTML(Hyper Text Markup Language)이라는 언어를 사용해 작성되며 문서 간 링크에 의해 관련성을 갖게 할 수 있다. 대부분 텍스트 데이터지만 문서 안에 이미지나 음성·동영상 같은 다양한 콘텐츠를 섞어 쓸 수 있다는 것이 큰 특징이며, 이 문서들은 URL이라는 형식의 주소를 지정함으로써 전 세계 어디서나 열람할 수 있게 된다.

이메일은 간단히 말해 컴퓨터 네트워크상에서 편지를 주고받는 것을 말한다. 사용하는 사람은 각각 자신의 이메일 주소를 가지며, 이 주소를 수신지로 해서 컴퓨터로 작성한 메시지를 상대방에게 보낸다. 이것이 네트워크를 통해 전달되며, 실제 우편물처럼 지연되는 일은 당연히 없다. 또한, 메시지의 본문에 파일을 첨부하여 다양한 데이터를 주고받는 것도 가능한 매우 편리한 서비스다.

이메일은 네트워크를 이용한 편지

또한, 인터넷 자체가 세계적으로 사용되는 네트워크이기 때문에 통신 인프라로 이용하려는 움직임도 활발하다.

대표적인 것이 인터넷 VPN(Virtual Private Network)이다. 인터넷에 가상 전용선 공간을 구축하여 거점 사이를 안전하게 연결하는 기술이다. 이 기술의 주체가 되는 것은

VPN은 가상의 전용선 공간을 구축하여 거점 사이를 연결한다.

암호화 기술로, 가상 전용선 공간은 거점 간에 암호화된 통신 데이터를 주고받을 수 있도록 구축되어 있다.

여기서 말하는 거점이란, 예를 들어 회사의 지사 사이를 연결하는 경우를 말하며, 이러한 광역 네트워크인 WAN을 구축하려면 예전에는 고가의 전용선을 사용해야 했다. 그러나 인터넷 회선을 사용함으로써 고가의 전용선이 필요 없게 되었다. 이를 가능하게 한 것이 암호화 기술이며, WAN의 구축 비용을 크게 절감했다.

암호화 기술의 발전이 새로운 서비스를 만들어냈다.

그 밖에도 인터넷에는 다양한 서비스가 있으며, 일부는 없어지기도 하고 새로운 서비스가 주목받기도 하면서 그 모습이 시시각각 변화하고 있다. 지금 이 순간에도 새로운 기술이 고안되고 있으므로 이러한 서비스는 앞으로도 확대되어 퍼져 나갈 것이다.

memo

2장

OSI 참조 모델과
TCP/IP 기초편

2.1 네트워크 프로토콜

네트워크를 통해 컴퓨터끼리 정보를 주고받는 절차를 네트워크 프로토콜이라고 한다.

예를 들어 인간은 언어를 사용해 대화를 할 수 있다. 하지만 이때 서로 사용하는 언어가 다르면 상대방이 하는 말을 이해할 수 없다. 영어로 말하는 사람에게 한국어로 대답한들 대화가 통하지 않을 것이다. 이와 같은 일이 컴퓨터 네트워크에서도 일어난다.

즉, 네트워크 프로토콜은 통신하기 위한 절차를 규정한 것이자 컴퓨터끼리 대화하기 위해 필요한 공통 언어다. 통신하기 위한 절차는 일상에서 볼 수 있는 전화나 편지를 떠올려 보면 알기 쉽다. 어떤 방법으로, 어떤 절차를 거쳐서, 어떤 언어로 정보를 보낼지 등을 정한 것이 프로토콜이다.

네트워크 프로토콜은 이러한 방법, 절차, 언어라는 역할마다 계층 구조로 구분되어 있다. 따라서 사용하는 네트워크 서비스에 따라 각각 최적의 프로토콜을 조합하여 사용할 수 있게 되어 있다.

네트워크를 통해
컴퓨터끼리 통신하기 위한
규약을 네트워크
프로토콜이라고 한다.

예를 들어 편지를 주고받을 때도 많은 규약이 있는 것처럼,

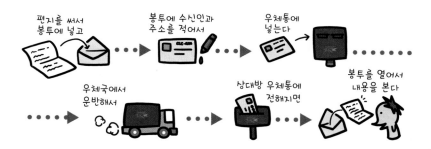

컴퓨터가 데이터를 주고받을 때도 규약이 있다.

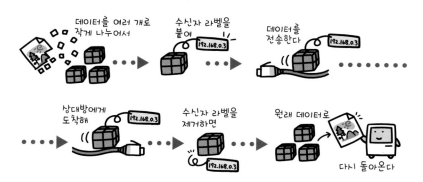

이러한 규약이 네트워크 프로토콜이며, 용도에 맞게 다양하게 정해져 있다.

2.2 OSI 참조 모델

네트워크에서는 다른 기종 간에도 문제없이 데이터를 송수신할 수 있도록 상호 호환성을 구현하는 것이 중요하다. 또한, 네트워크 기능의 확장이나 서비스 추가 등 새로운 기술을 적용하여 네트워크를 좀 더 고도화해야 할 필요도 있다.

이와 같은 상호 호환성과 확장성을 제공하기 위해 네트워크의 기본 구조는 일곱 개의 층으로 나뉘어져 관리되고 있다. 이 계층 구조를 OSI 참조 모델 혹은 OSI 계층 모델이라고 한다.

제일 하단에 위치한 1계층이 물리 계층이다. 이 계층에서는 물리적인 것, 즉 케이블 핀의 수나 전기적 특성을 정하여 송출 데이터의 전기적 교환을 실시한다. 2계층은 데이터 링크 계층이다. 여기에서는 직접 연결된 상대와의 통신 경로를 확보하고, 데이터의 오류를 정정하거나 재전송 요청 등을 실시한다. 3계층은 네트워크 계층이다. 상대에게 데이터를 보내기 위한 경로 선택이나 네트워크상의 개개인을 식별하기 위한 주소 관리 등을 수행한다. IP 주소 같은 개념이 이 계층에서 사용된다. 4계층인 전송 계층에서는 네트워크 계층에서 보내온 데이터의 정렬 및 오류 정정을 수행하여 송수신되는 데이터의 신뢰성을 확보한다. TCP나 UDP 같은 프로토콜이 이 계층에서 사용된다. 5계층은 세션 계층이다. 통신의 시작점과 끝점이 되는 통신 프로그램 사이의 연결을 관리하고 통신 경로의 확립을 수행한다. 6계층은 표현 계층이다. 압축 방식이나 문자 코드 등을 관리하고 응용프로그램과 네트워크를 중개한다. 마지막으로 7계층인 응용 계층은 통신을 사용하기 위해 필요한 서비스를 사용자나 프로그램에게 제공한다.

송신하는 곳은 응용 계층에서 물리 계층까지 순서대로 데이터를 가공하여 보내고, 수신하는 곳은 받은 데이터를 역순으로 가공하여 이를 복원한다.

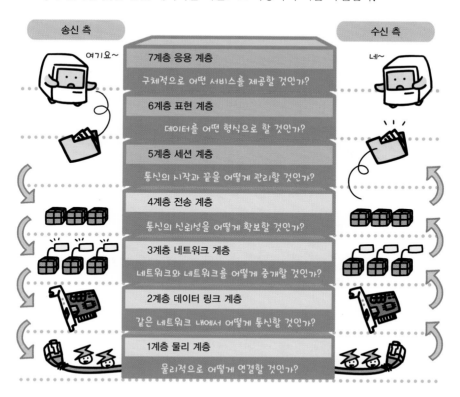

2.3 TCP/IP

인터넷에서 표준으로 사용되는 네트워크 프로토콜이 TCP/IP이다. OSI 참조 모델 3계층(네트워크 계층)의 IP를 비롯한 여러 프로토콜의 집합체를 총칭하여 이렇게 부른다. TCP/IP는 주로 4계층(전송 계층)에 위치하는 TCP와 조합하여 구성된다. 예를 들어 인터넷의 대표적인 서비스인 WWW의 HTTP 등은 이 프로토콜을 기반으로 움직이고 있다.

이 프로토콜을 사용하여 전송되는 데이터는 패킷이라는 단위로 나누어져 통신한다. 각각의 패킷에는 목적지 주소(상대방의 IP 주소)가 포함되어 있고, 패킷들은 마치 컨베이어 벨트에서 짐을 운반하는 것처럼 네트워크를 흘러서 상대방에게 전달된다. 하위 계층인 IP는 네트워크 각 기기의 주소를 할당하거나 해당 주소를 기반으로 패킷을 전송하는 역할을 한다. 간단히 말해, 기기의 주소를 정하고 그 주소까지 데이터를 보내기 위한 프로토콜이다. 조금 전에 설명한 것처럼 상대방의 주소 추가나 컨베이어 벨트와 같은 역할을 하고 있다.

상위 계층인 TCP는 패킷의 수신 확인을 실시하며 올바른 순서로 패킷이 전달되도록 보장한다. 이 때문에 신뢰성이 높고, 정확하게 데이터를 송수신하는 것이 가능하다.

그러나 수신 확인이나 패킷의 재송신과 같은 절차를 수행하므로 TCP는 상당히 무거운 프로토콜이다. 신뢰성보다 빠른 처리 속도를 더 중시하는 UDP라는 프로토콜도 있으므로 용도에 맞게 사용하면 된다.

관련 용어

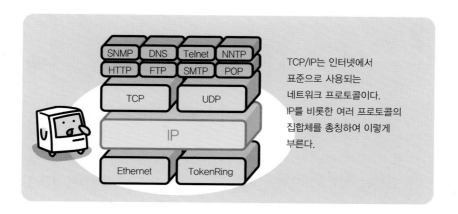

TCP/IP는 인터넷에서
표준으로 사용되는
네트워크 프로토콜이다.
IP를 비롯한 여러 프로토콜의
집합체를 총칭하여 이렇게
부른다.

가장 기본적인 IP는 각 기기를 식별하기 위한 IP 주소라는 개념과 주소를 기준
으로 패킷을 중개하여 전달하는 역할을 담당하고 있다.

이 IP에 어떻게 패킷을 전달해야 할지 정의되어 있는 상위 계층의 프로토콜을
조합하여 통신을 한다.

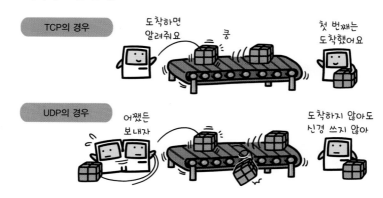

2.4 IP

IP(Internet Protocol)는 OSI 참조 모델의 3계층인 네트워크 계층에서 사용되는 네트워크 프로토콜로, 네트워크상의 기기에 주소를 할당하거나 해당 주소로 패킷을 전송하는 역할을 수행한다. 쉽게 말해, 각 기기의 주소를 할당하고 거기까지 데이터를 전송하기 위한 프로토콜이다.

IP는 전송 데이터인 패킷을 TCP나 UDP 같은 상위 계층에서 수신한 뒤, IP 헤더라는 정보를 추가하여 네트워크에 전송한다. IP 헤더는 송신지와 수신지의 IP 주소를 비롯한 정보가 모여 있으며, 패킷이라는 소포에 붙어 있는 꼬리표 같은 것이다. 네트워크에 전송되는 패킷은 이 꼬리표를 바탕으로 올바른 목적지로 전송된다.

또한, IP에는 경로를 선택하는 방법도 정의되어 있어 이를 통해 여러 개의 네트워크를 넘나드는 통신이 가능하다. 실제로 LAN과 외부 네트워크를 연결하는 기기인 라우터가 IP 경로 선택(라우팅)을 지원하며, 이 라우터에서 대상이 속해 있는 네트워크의 라우터로 패킷이 전송되어 목적지에 도착하는 것이다.

이와 같은 기술에 의해 글로벌 규모의 네트워크를 서로 연결한 것이 현재 널리 사용되고 있는 인터넷이다.

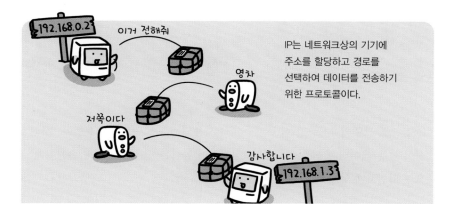

IP는 네트워크상의 기기에 주소를 할당하고 경로를 선택하여 데이터를 전송하기 위한 프로토콜이다.

이 프로토콜에서는 각 컴퓨터를 식별하기 위해 IP 주소를 사용한다.

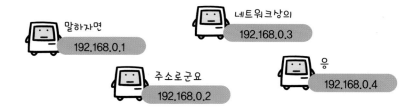

패킷에는 IP 헤더라는 꼬리표가 붙어 있다.

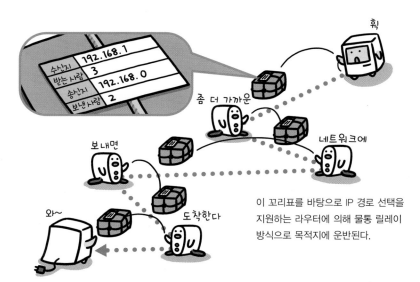

이 꼬리표를 바탕으로 IP 경로 선택을 지원하는 라우터에 의해 물통 릴레이 방식으로 목적지에 운반된다.

2.5 TCP

OSI 참조 모델의 4계층인 전송 계층에서 사용되는 네트워크 프로토콜로, 신뢰성이 높은 데이터 통신을 보장한다. 신뢰성이 높다는 것은 데이터의 손실이 없으며 확실하게 상대에게 전송한다는 의미다.

TCP(Transmission Control Protocol)는 5계층(세션 계층) 이상의 프로토콜에서 통신 데이터를 수신하여 패킷으로 분할한다. 그리고 이 패킷을 3계층(네트워크 계층)의 IP에 전달하여 상대방에게 송신한다.

패킷이 전송한 순서대로 도착하면 좋겠지만, 실제로 패킷을 전송하는 IP는 이를 보장하지 않는다. 따라서 네트워크의 혼잡 상황에 따라 패킷의 손실이나 지연에 의해 순서가 뒤바뀌는 일이 발생할 수 있다. 이에 대응하여 데이터 통신이 신뢰성을 가질 수 있도록 TCP는 몇 가지 방법을 이용한다.

우선 통신 데이터를 패킷으로 분할할 때 분할순으로 시퀀스 번호를 부여한다. 수신 측에서는 이 번호를 확인하고 필요에 따라 순서를 정렬하여 패킷의 순서가 올바른지 확인한다. 또한, 수신 측에서는 수신했다는 것을 알리는 패킷(ACK 패킷)을 송신 측에 전송한다. 따라서 송신 측도 전송한 패킷이 도착했는지 여부를 판단할 수 있다. 일정 시간 기다려도 대답이 없는 경우에는 패킷을 다시 전송하도록 하여 손실을 방지한다. 현재는 TCP와 IP를 조합한 TCP/IP가 주류를 이루며, 인터넷에서 각종 서비스의 기반으로 활용되고 있다.

관련 용어

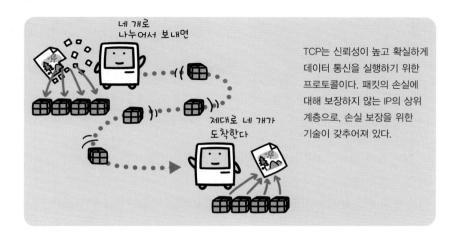

TCP는 신뢰성이 높고 확실하게 데이터 통신을 실행하기 위한 프로토콜이다. 패킷의 손실에 대해 보장하지 않는 IP의 상위 계층으로, 손실 보장을 위한 기술이 갖추어져 있다.

TCP로 전송하는 패킷은 분할한 순서대로 번호가 부여된다.

패킷을 받은 쪽은 그 증거로 번호를 보낸다.

이와 같이 TCP는 패킷별로 수신을 확인하여 통신의 신뢰성을 유지한다.

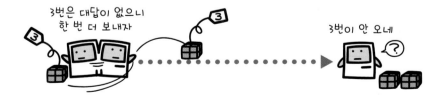

2.6 UDP

OSI 참조 모델의 4계층(전송 계층)에서 사용하는 네트워크 프로토콜이며, 연결이 없는 형태(데이터그램)의 통신 기능을 제공한다. 연결이 없는 형태란 지금부터 정보를 보낸다고 상대방에게 통지하지 않고 보내는 전송 방법을 말한다. 따라서 통신의 신뢰성은 낮지만 TCP와 달리 프로토콜 자체의 처리가 가벼우므로 속도가 빠른 것이 특징이다.

UDP(User Datagram Protocol)는 3계층(네트워크 계층)의 IP를 5계층(세션 계층) 이상의 프로토콜에서 직접 사용할 수 있도록 중개 역할을 한다고 볼 수 있다. UDP는 상위 계층의 응용프로그램에서 수신한 데이터를 패킷으로 분할하여 IP를 통해 전송만 할 뿐, TCP처럼 수신 확인은 하지 않는다. 당연히 패킷이 도착했는지 송신 측은 알 수 없고, 실제로 네트워크 상황에 따라 받지 못하는 경우도 일어날 수 있다.

이와 같이 신뢰성이 낮은 점과 처리 속도가 빠른 점을 감안하여, 주로 작은 사이즈의 패킷을 주고받기만 하면 되는 응용프로그램이나 시간적 연속성이 중요한 응용프로그램에서 사용하는 프로토콜이다. 예로 전자의 경우 DNS나 DHCP 같은 서비스가 있으며, 후자의 경우 음성 전화나 동영상 배포와 같이 소리가 살짝 끊겨도 시간적인 연속성이 중요한 응용프로그램이 있다.

관련 용어

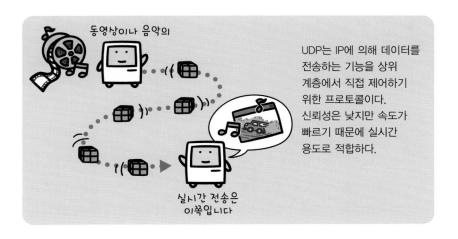

UDP는 단순히 패킷을 보내기만 한다.

따라서 도중에 패킷이 분실되어도 알 수 없다.

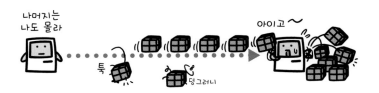

하지만 동영상 전송처럼 도중에 일부가 끊어지는 것보다 실시간으로 전송되는 게 중요한 경우에 유용한 프로토콜이다.

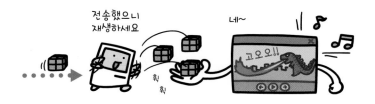

패킷이란 컴퓨터 통신에서 작게 분할된 통신 데이터의 단위를 말하며, '소포 (packet)'라는 의미에서 이렇게 부른다.

큰 데이터가 분할되지 않고 네트워크로 전송되면 이 데이터가 회선을 점유하여 다른 기기가 전혀 통신할 수 없는 문제가 발생한다. 따라서 통신 데이터를 패킷 이라는 단위로 작게 분할하여 패킷 하나가 점유하는 시간을 최소로 만들어 회 선을 공유한다. 이와 같이 데이터를 패킷으로 분할하여 송수신하는 통신을 패 킷 통신이라고 한다.

패킷에는 반드시 송신지와 수신지의 주소 같은 속성 정보가 포함되어 있다. 이 정보는 소포에 붙이는 꼬리표 같은 것으로, 이 꼬리표를 바탕으로 네트워크를 통해 패킷이 올바른 목적지에 운반된다.

이때 패킷에는 패킷이 사용하는 네트워크 프로토콜에 대한 정보도 포함되어 있 다. 이로 인해 여러 네트워크 프로토콜이 동일한 네트워크 회선상에 혼재가 된 상태에서도 이용할 수 있다.

고객(응용프로그램)이 보내고 싶은 짐(통신 데이터)은 작은 소포(패킷)로 분할 하고 분실되지 않도록 소포에 꼬리표를 붙인다. 이때 꼬리표는 소포의 배송을 담당하는 업체(네트워크 프로토콜)가 지정한 것을 사용한다. 이렇게 생각하면 이해하기 쉬울 것이다.

관련 용어

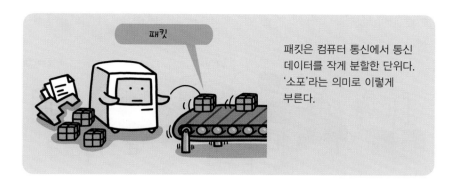

패킷은 컴퓨터 통신에서 통신 데이터를 작게 분할한 단위다. '소포'라는 의미로 이렇게 부른다.

통신 경로에 1초간 전송할 수 있는 데이터양은 네트워크 규격마다 정해져 있다.

따라서 큰 데이터를 그대로 전송하면 그 사이에 다른 컴퓨터는 전혀 통신할 수 없게 된다.

이런 일이 없도록 데이터를 작은 패킷으로 나누어 전송함으로써 회선을 공유
한다.

2.8 노드

네트워크에 연결되어 있는 네트워크 기기나 네트워크의 연결 지점을 노드라고 한다. 네트워크에 연결된 컴퓨터는 물론이고 집선 장치인 허브, 네트워크 사이를 연결하는 라우터 등도 모두 '노드'다.

노드(node)라는 단어를 사전에서 찾아보면 '접속점', '마디'라는 의미를 가지고 있다. 즉, 네트워크 케이블의 연결점이나 분기점이 되는 부분이 노드라는 의미다. 실제로 네트워크에 연결된 기기라는 의미로 대부분 사용되며, 예를 들어 10 노드라면 네트워크에 10대의 기기가 연결되어 있다는 것을 나타낸다. 따라서 '네트워크에 존재하는 기기'는 모두 노드라고 생각하면 된다.

네트워크 용어를 찾아볼 때 자주 접하곤 하지만, 생소한 용어이므로 어렵게 느껴질 수 있다. 그러나 네트워크에서 패킷을 주고받는 것은 컴퓨터뿐만이 아니고, 허브나 라우터 같은 기기와도 통신이 이루어지므로 이 모든 것을 총칭하는 용어로 사용한다.

'노드 간에 패킷을 송수신한다'라는 말은 네트워크상의 장비 간에 패킷을 주고받는다는 의미로 생각하면 된다.

관련 용어

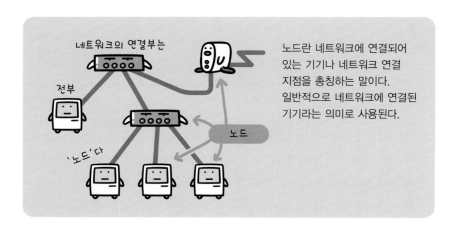

네트워크의 연결부는

전부

'노드'다

노드란 네트워크에 연결되어 있는 기기나 네트워크 연결 지점을 총칭하는 말이다. 일반적으로 네트워크에 연결된 기기라는 의미로 사용된다.

노드

일반적으로 네트워크에서 컴퓨터끼리 직접 통신하는 경우는 드물며, 중간에 다른 기기가 중개하는 경우가 많다.

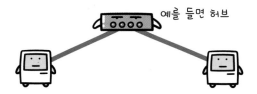

예를 들면 허브

통신 패킷은 직접 컴퓨터끼리 전달되는 것이 아니라 양쪽 컴퓨터와 허브 사이에서 전달된다.

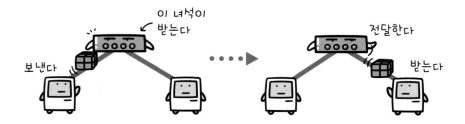

이 녀석이 받는다

보낸다

전달한다

받는다

노드란 이렇게 복잡한 기기가 혼재되어 있는 네트워크 환경에서 이들을 총칭하는 말이다.

2.9 IP 주소

인터넷과 같이 IP를 기반으로 하는 네트워크에서 각 컴퓨터 한 대마다 할당된 식별 번호가 IP 주소다. 현재는 32비트의 숫자로 표현하는 IPv4(Internet Protocol version 4)가 일반적이다. 다만, 숫자 그대로는 이해하기 어렵기 때문에 8비트씩 네 개로 분할하고 각각을 10진수로 표기해 192.168.0.1과 같이 표현한다.

이 번호는 네트워크의 주소를 나타낸다. 우리가 평소 사용하는 주소 표기를 컴퓨터용으로, 즉 디지털 숫자로 나타냈다고 생각하면 된다. 실제로 IP 주소의 내용은 네트워크별로 나누어지는 '네트워크 주소' 부분과 그 네트워크 내에서 컴퓨터를 식별하기 위한 '호스트 주소' 부분을 조합하여 구성된다. 주소 표기로 말하면 주소와 이름에 해당한다.

네트워크에 전송되는 패킷에는 반드시 송신지와 수신지의 IP 주소가 속성 정보로 포함되어 있다. 이는 소포에 붙이는 꼬리표와 같은 것이며, 꼬리표에 적힌 목적지, 즉 IP 주소를 가진 곳으로 패킷을 배달한다.

이와 같이 통신할 때 상대방을 특정하기 위해 꼭 필요한 번호이므로 당연히 각각의 컴퓨터에 할당되는 값이 중복되어서는 안 된다. 그러나 32비트의 값으로 표현할 수 있는 수의 범위는 정해져 있으므로 그 수가 부족해질지도 모른다는 우려가 있다. 이 때문에 현재는 IPv4를 사용하면서 128비트의 수로 표현하는 IPv6로의 이전이 진행되고 있다.

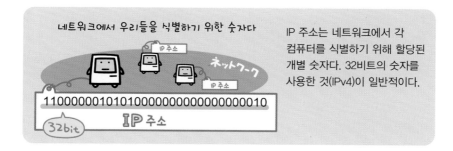

IP 주소는 네트워크에서 각 컴퓨터를 식별하기 위해 할당된 개별 숫자다. 32비트의 숫자를 사용한 것(IPv4)이 일반적이다.

32비트의 숫자를 그대로 쓰면 알아보기 어려우므로, 표기할 때 8비트씩 네 부분으로 나누어 각각을 10진수로 변환한 후 표현한다.

네트워크에서 데이터를 주고받을 때 이 IP 주소를 목적지로 사용한다.

IP 주소의 내용은 네트워크를 식별하기 위한 네트워크 주소와 컴퓨터를 식별하기 위한 호스트 주소로 나뉜다.

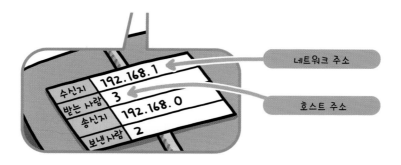

2.10 서브넷 마스크

네트워크의 규모가 커지면 단일 네트워크로 관리하는 것이 사실상 어려워진다. 특히 브로드캐스트(broadcast)라고 하는 네트워크 전체에 송신하는 데이터 전송이 발생할 경우 필요하지 않은 범위까지 불필요하게 회선을 사용하게 되므로 네트워크 전체의 효율이 나빠지게 된다.

예를 들어, 사무소나 사업부와 같은 단위로 네트워크를 논리적으로 분할한다면 이러한 문제는 피할 수 있다. 이것이 서브넷(subnet)이다. 원래는 하나여야 할 네트워크를 작은 단위로 분할한 것을 말한다.

서브넷 마스크(subnet mask)는 이러한 서브넷을 표현하기 위한 값으로, IP 주소의 앞에서부터 몇 비트까지 네트워크 주소로 사용할지 정의하기 위해 사용한다. IP 주소는 네트워크를 식별하는 네트워크 주소 부분과 네트워크상의 컴퓨터를 식별하기 위한 호스트 주소 부분으로 나눌 수 있다. 서브넷 마스크에 의해 호스트 주소 부분 중 몇 개의 비트를 네트워크 주소 부분으로 재정의하여, 단일 네트워크를 서브넷으로 구분할 수 있다.

예를 들어 172.16.0.0~172.16.255.255 범위의 IP 주소를 사용하는 네트워크는 앞부분 16비트까지가 네트워크 주소 부분에 해당한다. 여기에 255.255.255.0이라는 서브넷 마스크를 지정하면 앞에서부터 24비트까지가 네트워크 주소로 정의된다. 이를 통해 172.16 이하의 네트워크는 172.16.0~172.16.255라는 256개의 서브넷으로 나누어진다.

관련 용어

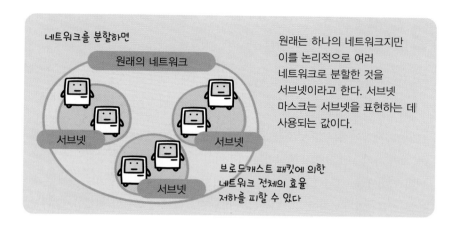

네트워크를 분할하면

원래의 네트워크

서브넷

서브넷

서브넷

원래는 하나의 네트워크지만 이를 논리적으로 여러 네트워크로 분할한 것을 서브넷이라고 한다. 서브넷 마스크는 서브넷을 표현하는 데 사용되는 값이다.

브로드캐스트 패킷에 의한 네트워크 전체의 효율 저하를 피할 수 있다

서브넷 마스크는 각 비트의 값에 의해(1이 네트워크 주소, 0이 호스트 주소), IP 주소의 네트워크 주소 부분과 호스트 주소 부분을 재정의할 수 있다.

| 10진수의 표기 예 | 255. | 255. | 255. | 0 |
| 2진수의 표기 예 | 11111111. | 11111111. | 11111111. | 00000000 |

네트워크 주소 부분 ←→ 호스트 주소 부분

예를 들어, B 클래스(앞의 16비트가 네트워크 주소)의 네트워크에 앞서 말한 서브넷 마스크를 적용하면 네트워크를 256개로 분할할 수 있다.

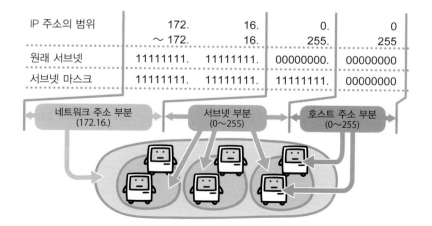

IP 주소의 범위	172. ~ 172.	16. 16.	0. 255.	0 255
원래 서브넷	11111111.	11111111.	00000000.	00000000
서브넷 마스크	11111111.	11111111.	11111111.	00000000

네트워크 주소 부분 (172.16.)   서브넷 부분 (0~255)   호스트 주소 부분 (0~255)

2.11 포트 번호

TCP/IP 세계에서는 IP 주소를 기반으로 통신이 이루어진다. 하지만 컴퓨터에는 여러 가지 프로그램이 동작하기 마련이고, 이들이 동시에 통신하는 일도 빈번히 일어난다. 그러나 IP 주소로 알 수 있는 것은 '네트워크의 어느 곳에 존재하는 컴퓨터인지'까지다. '그 컴퓨터의 어느 프로그램에 전달할 패킷인가?'까지는 알 수 없다.

그래서 사용하는 것이 포트 번호다.

포트는 접속 장소라는 의미로 생각하면 된다. 네트워크에 대한 접속 장소로, 포트 번호는 0~65,535까지의 숫자를 적용할 수 있다. 프로그램이 네트워크에서 통신할 경우 접속 장소로 포트를 열고, 상대방의 IP 주소의 포트로 패킷을 송신하거나 수신한다.

우리가 평소 사용하는 인터넷 서비스의 예로 WWW나 이메일이 있다. 이들을 사용할 때도 포트 번호를 지정하여 상대 서버와 통신을 한다. 실제로는 TCP/IP에 프로그램(서비스)별로 기본 포트가 정해져 있어, 일반적으로는 그 포트 번호를 사용하여 통신하는 것이다. 통신할 때마다 포트 번호까지 지정하는 경우는 없으므로 우리가 평상시에 의식하는 일은 별로 없다.

이러한 이유로 포트 번호는 통신에 꼭 필요한 번호이지만 존재감이 작다. 하지만 반드시 IP 주소와 한 세트로 사용되는 중요한 번호다.

관련 용어

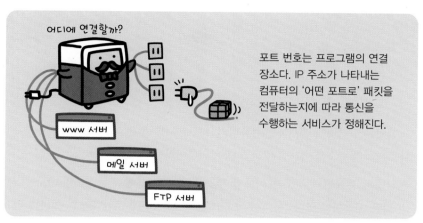

포트 번호는 프로그램의 연결 장소다. IP 주소가 나타내는 컴퓨터의 '어떤 포트로' 패킷을 전달하는지에 따라 통신을 수행하는 서비스가 정해진다.

일반적으로 컴퓨터에는 여러 가지 프로그램이 동작하고 있다.

따라서 IP 주소로 목적지의 컴퓨터는 알 수 있지만, 그 컴퓨터의 어떤 프로그램인지까지는 알 수 없다.

그래서 프로그램은 0~65,536의 범위 안에서 자신만의 전용 접속 장소를 가지고 있다.

이 번호가 '포트 번호'다.

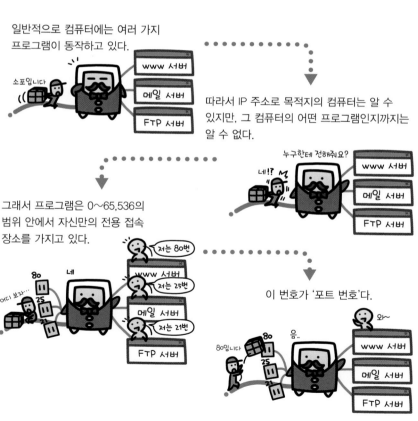

2.12 도메인

도메인은 인터넷에 존재하는 컴퓨터의 소속을 나타낸다. 이를 이용해 컴퓨터나 네트워크의 주소를 나타낸 것을 도메인 이름이라고 한다.

인터넷의 홈페이지 주소나 이메일 주소에는 반드시 예를 들어 gilbut.co.kr 과 같은 문자열이 있다. 이 부분이 도메인으로, '이곳에 속한다'라는 의미를 가진다.

네트워크의 주소라면 IP 주소가 떠오를 것이다. 하지만 도메인 이름과 IP 주소는 서로 쌍을 이룬다. IP 주소는 숫자 배열로 되어 있어 표기에 아무런 의미가 없으므로 기억하기가 매우 어렵다. 그래서 사람이 기억하기 쉬운 표기로 표현한 것이 도메인 이름이다.

예를 들어 이 책의 출판사인 길벗출판사의 홈페이지는 49.236.150.128[1]이라는 IP를 가진 컴퓨터에 공개되어 있다. 원래는 이 IP 주소를 지정하여 홈페이지를 열람해야 하지만 기억하기 어려울 것이다. 게다가 지정한 값이 틀렸을 경우 어떤 숫자가 잘못되었는지 한눈에 알아보기도 어렵다.

관련 용어

---

1 **역주** 주소창에 ip를 입력하면 경고창이 뜹니다(ssl이 도메인 네임으로 허가되어 있기 때문에 ip를 https로 접속하면 뜨는 경고창). 경고창에서 **고급** 버튼을 누르고 **이동** 부분을 클릭하면 길벗 홈페이지로 이동합니다.

그래서 도메인 이름을 사용한다. 예로 든 길벗출판사 홈페이지는 49.236. 150.128이라는 IP 주소와 www.gilbut.co.kr과 같은 도메인 이름이 연결되어 있다. 이를 통해 알기 어려운 숫자의 나열이 아닌, 의미를 가진 문자열로 주소를 지정할 수 있다.

도메인 이름은 사람이 기억하기 쉬운 표기를 사용하여 네트워크의 주소를 나타낸다는 특징을 가지고 있기 때문에 실제 집 주소를 표기하는 것과 비슷한 계층 구조를 가지며, '.'으로 구분하여 오른쪽부터 넓은 범위의 소속을 나타낸다. kr 부분이 나라, co 부분이 조직의 종류, gilbut 부분이 조직의 이름, 그리고 www가 컴퓨터명을 의미한다.

즉, '한국의 기업인 gilbut(길벗출판사)이라는 조직에 있는 www라는 이름의 컴퓨터'라는 의미인 셈이다.

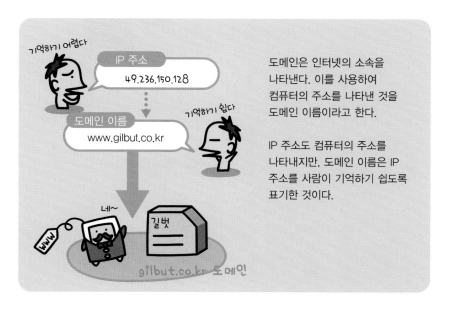

도메인 이름은 실제 주소와 비슷한 계층 구조를 가지고 있다.

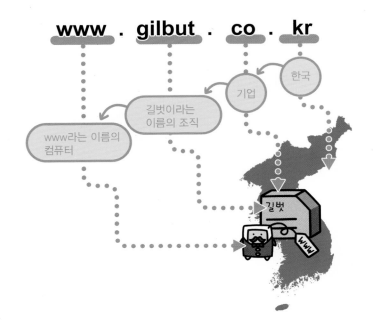

2.13 IPv6

IPv6는 Internet Protocol version 6의 약어로, TCP/IP 네트워크에서 사용되고 있는 3계층(네트워크 계층)의 프로토콜인 IP의 차세대 규격에 해당한다.

IPv6는 IP 주소를 128비트의 숫자로 표현한다. 이것으로 표현할 수 있는 숫자의 개수는 약 340간 개[2]로, 1조의 1조 배보다 크고 사실상 무한이라고 해도 좋을 정도의 개수다.

현재 널리 사용되고 있는 IP는 버전 4이며 IPv4라고 불린다. 이 프로토콜에서는 32비트의 숫자에 의해 IP 주소를 할당하므로 표현 가능한 개수는 약 43억 개다. 결코 적지 않은 수이지만, 전 세계 인구가 대상이라고 생각하면 충분한 수라고는 할 수 없다. 그래서 이 문제를 해결하기 위해 IPv6가 등장했다.

IPv6라는, 전 세계 인구보다 훨씬 더 큰 어마어마한 개수를 가정한 이유는 컴퓨터 네트워크뿐만 아니라 각종 가전제품에도 IP 주소를 부여하여 상호 접속할 수 있는 환경을 고려했기 때문이다. 이에 따라 가전을 포함한 모든 기기가 상호 연결되어 제어 가능한 세계를 실현하려는 것이다.

관련 용어

2 　**역주**　'간'은 숫자의 단위(조〈경〈해〈자〈양〈구〈**간**〈정〈재, 여기의 '간'에 해당함)

IPv6는 차세대 기술인 만큼 여러 가지 면에서 재검토되고 있다. 방대한 개수의 IP 주소에 대한 관리는 그 숫자들이 전화번호처럼 계층 구조를 갖도록 하여 현재의 IPv4보다도 오히려 관리에 대한 수고를 줄이고 있다. 또한, IP 수준에서 암호화/복호화 기능을 부여하여 보안적으로도 주의를 기울이고 있으며, 통신할 때 부여되는 헤더의 구조를 재검토하는 등 통신 효율화도 진행하고 있다.

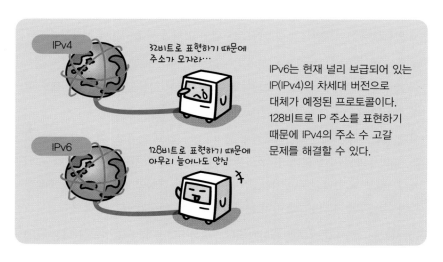

IPv6의 세계에서는 IP 주소의 개수를 실제로 무한대라고 할 수 있을 정도로 발행할 수 있다.

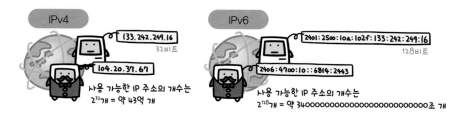

따라서 가전을 포함한 모든 기기에 IP 주소를 할당하여 제어할 수 있는 환경을 생각하고 있다.

IPv6는 조금씩 보급되고 있지만 IPv4와 호환성이 없기 때문에 쉽게 전환할 수 없다. 따라서 지금은 과도기로서 양쪽을 공존시키기 위해 다양한 방법이 사용되고 있다.

memo

3^장

근거리 통신망

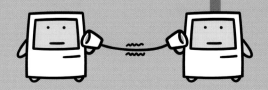

3.1 LAN

LAN은 로컬 에어리어 네트워크(Local Area Network)(근거리 통신망)의 약어다. 회사나 건물처럼 비교적 좁은 범위 내의 컴퓨터를 전용 케이블로 연결하여 네트워크를 구성한 것을 말한다. 가정에서도 이러한 네트워크를 구축하는데, 이를 가정용 LAN 혹은 홈 네트워크라고 부른다.

LAN은 연결 형태에 따라 스타형, 버스형, 링형 등의 종류가 있고, 통신을 제어하는 방법에도 이더넷, FDDI, 토큰 링 등이 있다. 현재는 이더넷에 의한 스타형 LAN이 주류를 이루고 있다.

LAN을 사용하면 여러 대의 컴퓨터를 효과적으로 활용할 수 있다.

LAN이 구축되지 않은, 즉 네트워크가 구성되지 않은 환경에서 컴퓨터 간에 직접 데이터를 주고받을 방법은 없다. 따라서 작성한 문서를 외부 저장 장치로 옮긴 뒤 이를 다른 컴퓨터에 가져가서 읽어 들여야 한다.

LAN이 구축된 환경에서는 이러한 불편함이 모두 해소된다.

문서나 이미지뿐만 아니라 컴퓨터의 전자 데이터는 모두 LAN을 통해 서로 주고받을 수 있으며, 프린터나 DVD-R/RW 드라이브 같은 주변 기기도 네트워크를 통해 다른 컴퓨터가 사용할 수 있게 된다.

이러한 장점 때문에 컴퓨터를 여러 대 사용하는 환경이라면 사무실이든 가정이든 관계없이 LAN을 이용하게 되었다.

관련 용어

LAN으로 연결된 컴퓨터들은 자유롭게 정보를 주고받을 수 있다.

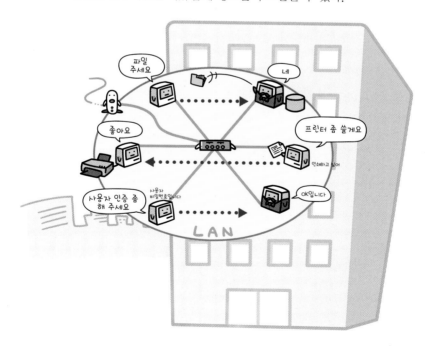

3.2 네트워크 토폴로지

네트워크 토폴로지란 '컴퓨터를 네트워크에 연결할 때의 형태'를 의미한다. 즉, 컴퓨터가 어떤 형태로 연결되었는지를 나타내는 용어다.

LAN의 연결 형태로는 스타형, 버스형, 링형 등이 있는데, 이것이 대표적인 네트워크 토폴로지다.

스타형 LAN은 허브라는 집선 장치에 모든 컴퓨터가 연결된 형태로, 이더넷 10BASE-T나 100BASE-TX, 1000BASE-T에서 자주 사용된다.

버스형 LAN은 한 개의 케이블에 모든 컴퓨터가 연결된 형태로, 케이블 양쪽 끝에는 터미네이터라는 종단 장치가 연결되어 있다. 이 방식은 이더넷 10BASE-2나 10BASE-5에서 사용된다.

링형은 각 컴퓨터가 링 모양으로 연결된 형태로, 토큰 링에서 사용된다.

네트워크 토폴로지는 이러한 각종 연결 형태를 통칭하는 용어로, 특정한 연결 형태를 의미하는 것은 아니다. 예를 들어 '이 LAN은 어떤 네트워크 토폴로지로 구성되어 있나요?'라는 말은 적절하지만, '이 LAN은 네트워크 토폴로지로 구성되어 있다'라는 말은 적절하지 않다.

관련 용어

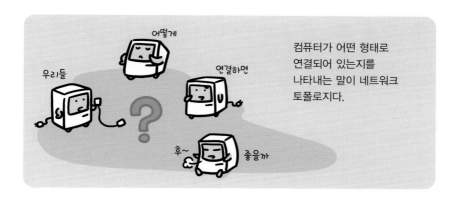

컴퓨터가 어떤 형태로 연결되어 있는지를 나타내는 말이 네트워크 토폴로지다.

대표적인 토폴로지는 다음 세 가지다.

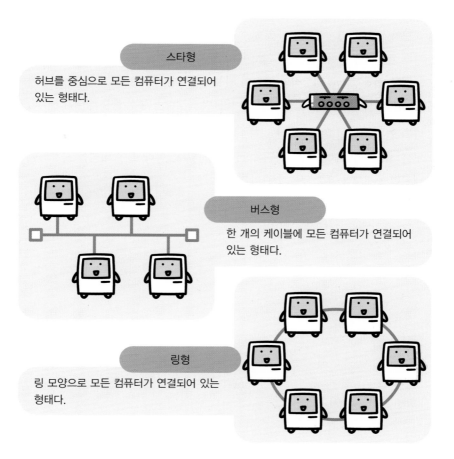

스타형

허브를 중심으로 모든 컴퓨터가 연결되어 있는 형태다.

버스형

한 개의 케이블에 모든 컴퓨터가 연결되어 있는 형태다.

링형

링 모양으로 모든 컴퓨터가 연결되어 있는 형태다.

3.3 스타형 LAN

네트워크의 연결 형태를 나타내는 용어 중 하나로, 허브라는 집선 장치를 중심으로 각 컴퓨터를 연결하는 방식을 스타형 LAN이라고 한다. 허브를 중심으로 해서 선이 별 모양으로 퍼져 나가기 때문에 이런 이름이 붙었다.

이더넷 10BASE-T나 100BASE-TX, 1000BASE-T에서 자주 사용되는 형태로, 현재는 이 방식이 주류를 이루고 있다.

허브가 통신을 중개하는 역할을 하므로 네트워크에 접속된 컴퓨터가 고장 나도 다른 컴퓨터에 영향을 미치지 않으며, 고장 난 컴퓨터만 분리된 상태가 되어 네트워크 전반적으로 정상적인 통신이 가능하다. 하지만 허브가 고장 난 경우에는 허브에서 통신 경로가 차단되므로 네트워크 전체가 통신 불능 상태가 된다.

다른 연결 형태인 버스형이나 링형 네트워크에 비해 배선의 자유도가 높고, 허브를 서로 연결하여 계층 구조를 만들 수도 있다. 따라서 이 방법을 사용하면 네트워크 전체를 계층 구조로 관리할 수 있다.

관련 용어

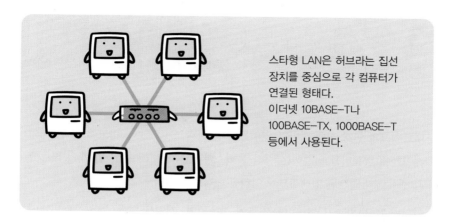

스타형 LAN은 허브라는 집선
장치를 중심으로 각 컴퓨터가
연결된 형태.
이더넷 10BASE-T나
100BASE-TX, 1000BASE-T
등에서 사용된다.

허브끼리 서로 연결하여 네트워크를 계층 구조로 관리할 수 있다.

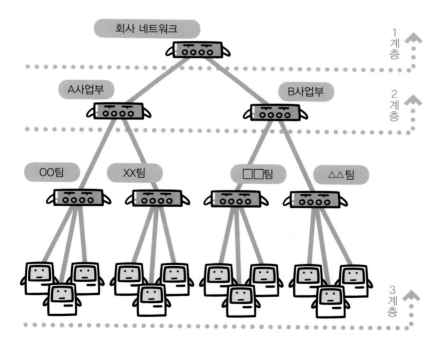

3.4 버스형 LAN

네트워크의 연결 형태를 나타내는 용어 중 하나로, 버스(bus)라고 하는 한 개의 케이블에 컴퓨터를 연결하는 방식을 버스형 LAN이라고 한다. 한 개의 버스에 각 컴퓨터가 연결된 형태이므로 이러한 이름이 붙었다.

이더넷 10BASE-2나 100BASE-5에 사용되며, 케이블 양쪽 끝에는 터미네이터라고 하는 종단 장치가 장착되어 있다. 이 장치는 버스 안을 통과하는 신호가 양쪽 끝에서 반사되어 잡음이 되는 것을 방지하는 역할을 한다.

이 방식에서는 버스에 흐르는 패킷이 모든 컴퓨터에 전달되며, 수신지 이외의 컴퓨터에서는 이 패킷을 파기한다. 패킷을 중개할 필요가 없으므로 버스에 연결된 컴퓨터가 고장 나도 다른 컴퓨터에 영향을 미치지 않는다.

다만, 접속된 컴퓨터의 대수가 늘어나면 통신량이 증가되어 '콜리전(collision)'이라고 하는 패킷의 충돌이 발생하게 된다. 이 경우 이더넷에서는 적절한 시간을 두고 패킷을 재전송하지만, 패킷 충돌이 많이 발생할 경우에는 네트워크 효율이 너무 떨어지기 때문에 사용하기 어렵다.

관련 용어

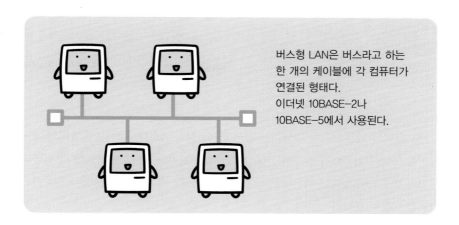

버스형 LAN은 버스라고 하는
한 개의 케이블에 각 컴퓨터가
연결된 형태다.
이더넷 10BASE-2나
10BASE-5에서 사용된다.

버스의 양쪽 끝에는 신호의 반사를 방지하기 위한 터미네이터가 장착되어
있다.

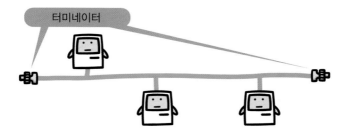

접속된 컴퓨터의 수가 늘어나면 신호 충돌(콜리전)이 많이 발생하여 네트워크
의 효율이 떨어진다.

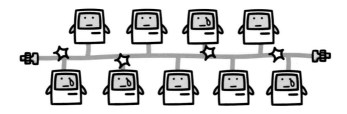

3.5 링형 LAN

네트워크의 연결 형태를 나타내는 용어 중 하나로, 버스라고 하는 링 형태의 케이블 하나에 컴퓨터가 접속하는 방식이 링형 LAN이다. 한 개의 버스에 각 컴퓨터가 연결되어 있다는 점은 버스형 LAN과 같지만, 케이블이 링 모양이므로 이러한 이름이 붙었다.

토큰 링이나 FDDI에서 사용되며, 다른 방식에 비해 케이블의 총거리를 길게 잡을 수 있다는 점이 특징이다. 그 때문에 LAN 규격뿐만 아니라 WAN과 같이 넓은 지역을 망라하는 네트워크에서도 이 형태를 채택하곤 한다.

이 형태는 버스가 링 모양이므로, 버스형 LAN과 달리 양끝에 터미네이터가 필요 없다. 패킷은 버스에서 한 방향으로만 흐르고 네트워크상의 컴퓨터는 이 패킷을 수시로 확인하여 자신이 수신인인지 판단한다. 자신이 수신인일 경우에는 패킷을 수신하고, 아닌 경우에는 다음 컴퓨터로 보낸다. 마치 물통 릴레이 같은 형태로 패킷이 전송된다.

이러한 방식이기 때문에 네트워크상의 컴퓨터 중 한 대라도 고장 나면 전송이 거기서 멈추게 되어 통신 장애가 발생한다.

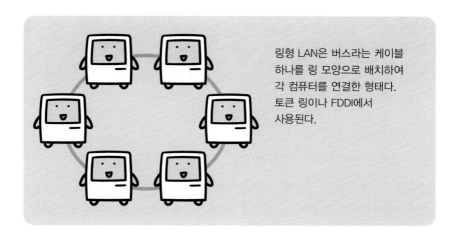

링형 LAN은 버스라는 케이블
하나를 링 모양으로 배치하여
각 컴퓨터를 연결한 형태다.
토큰 링이나 FDDI에서
사용된다.

링형의 버스는 한 방향으로 패킷이 흐르기 때문에 버스형 LAN과 달리 터미네
이터가 필요 없다.

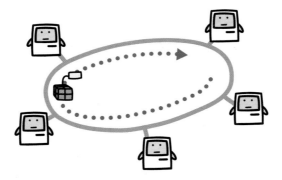

물통 릴레이처럼 패킷을 전달하기 때문에 네트워크의 컴퓨터가 고장 나면 패킷
의 흐름이 끊겨 통신 장애가 발생한다.

3.6 이더넷

미국 제록스(Xerox)사 팔로 알토 연구소(Palo Alto Research Center, PARC)의 로버트 맷칼프가 발명한 네트워크 규격이다.

현재 LAN 환경에서는 특별한 경우를 제외하고 모두 이더넷을 사용하고 있다. 연결 형태는 버스 하나에 모든 컴퓨터가 연결된 버스형과 허브를 중심으로 각 컴퓨터가 연결된 스타형, 두 가지다.

버스형 LAN에는 10BASE-2, 10BASE-5 등의 규격이 있고, 스타형 LAN에는 10BASE-T, 100BASE-TX, 1000BASE-T 등의 규격이 있다.

통신 속도가 10Mbps인 10BASE-T에 비해 고속 이더넷 규격인 100BASE-TX는 100Mbps로 빨라졌고, 기가비트 이더넷(Gigabit Ethernet, GbE) 규격으로 등장한 1000BASE-T는 1Gbps까지 고속화가 진행되었다.

현재는 1000BASE-T가 널리 이용되고 있어 '이더넷(Ethernet)'이라는 말은 '고속 이더넷', '기가비트 이더넷'을 포함한 모든 것을 칭하는 의미로 사용되고 있다.

이더넷에서는 네트워크의 통신 상태를 감시하여, 다른 사람이 송신하지 않을 경우에 한해 데이터를 송신하는 캐리어 센스(Carrier Sense)(매체 사용 감지)라고 하는 구조와 어쩔 수 없이 동시에 송신이 발생한 경우에 충돌(신호 충돌)을 검출하는 구조에 의해 통신 제어를 실시한다. 이러한 제어 방법을 CSMA/CD(Carrier Sense Multiple Access/Collision Detection) 방식이라고 한다.

관련 용어

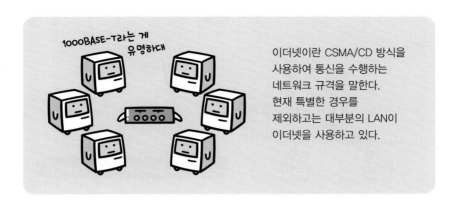

이더넷이란 CSMA/CD 방식을 사용하여 통신을 수행하는 네트워크 규격을 말한다. 현재 특별한 경우를 제외하고는 대부분의 LAN이 이더넷을 사용하고 있다.

CSMA/CD 방식은 송신하는 사람이 없는 경우에만 데이터를 전송한다.

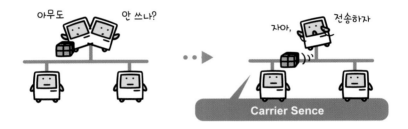

그래도 동시에 전송하여 패킷 충돌(신호 충돌)이 발생하면 임의의 시간 동안 대기한 뒤 재전송한다.

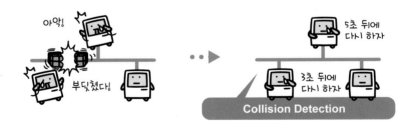

이와 같이 통신을 수행하므로 케이블 하나를 여러 대의 컴퓨터가 공유할 수 있다.

와~ 다행이다   이제는 괜찮겠다 😊

Multiple Access

3.7 토큰 링

IBM이 제창한 네트워크 규격으로 통신 속도가 4Mbps와 16Mbps 두 가지다.

네트워크의 각 컴퓨터를 링 모양으로 연결한 링형 LAN에 속하며, 통신 제어에는 토큰 패싱 형식을 사용한다. 토큰 패싱 형식은 네트워크상에 송신할 권리를 나타내는 '토큰(Token)'이라는 이름의 데이터를 보내는 방식으로, 이 토큰에 의해 송수신을 관리한다.

일반적으로 네트워크에 전송 데이터가 없는 동안에는 이 토큰이 단독으로 전송된다. 각 컴퓨터는 토큰을 수신한 후 데이터가 없으면 그대로 다음 컴퓨터로 전송한다. 이처럼 한 방향으로 물통 릴레이를 하듯이 토큰만 전달될 경우 네트워크에 전송되는 데이터가 없는 상태가 된다.

데이터를 전송해야 하는 컴퓨터는 이 토큰이 수신될 때까지 기다린다. 그리고 토큰을 수신하면 그 뒤에 송신 데이터를 추가하여 다시 물통 릴레이를 하듯 전송한다. 이후 토큰을 받은 컴퓨터는 그 데이터가 자신에게 온 것인지 확인하고 자신이 대상이 아니면 그대로 다음 컴퓨터로 전달하며, 자신에게 온 데이터인 경우에는 데이터를 추출하고 토큰만 다시 전송한다.

이 방식으로 송수신을 관리하기 때문에 이더넷에서 발생하는 '신호 충돌(콜리전)'은 원칙상 발생하지 않는다. 따라서 네트워크 통신 속도를 효과적으로 사용할 수 있다.

관련 용어

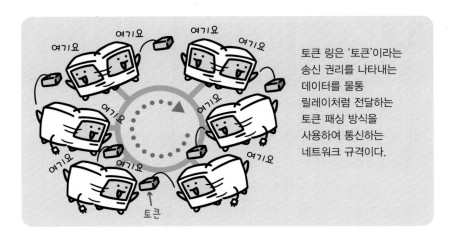

토큰 링은 '토큰'이라는
송신 권리를 나타내는
데이터를 물통
릴레이처럼 전달하는
토큰 패싱 방식을
사용하여 통신하는
네트워크 규격이다.

평상시에는 네트워크에 토큰만 전달된다.

송신하고 싶을 경우 토큰을 받아 데이터를 추가한 뒤 전송한다.

자신에게 온 데이터가 아니면 그대로 흘려보낸다.

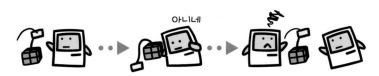

자신에게 온 데이터일 경우 데이터를 받은 다음 토큰만 전송한다. 그러면 네트워크는 평상시 상태로 돌아간다.

3.8 무선 LAN

케이블 없이 전파 등을 사용해 무선으로 통신하는 LAN이다. 특히 이더넷 규격 중 하나인 'IEEE 802.11b'가 등장한 이후 폭발적으로 보급되어 사무실뿐만 아니라 가정에서도 널리 사용하게 되었다.

보급되면서 통신 속도도 매년 빨라져서 다음과 같은 규격이 실용화되었으며, 현재는 IEEE 802.11ac를 가장 많이 이용하고 있다(2021년 11월 시점).

규격 명칭	최대 통신 속도	사용 주파수 대역
IEEE 802.11b	11Mbps	2.4GHz
IEEE 802.11g	54Mbps	2.4GHz
IEEE 802.11a	54Mbps	5GHz
IEEE 802.11n	600Mbps	2.4GHz/5GHz
IEEE 802.11ac	6.9Gbps	5GHz
IEEE 802.11ax	9.6Gbps	2.4GHz/5GHz

무선 LAN을 이용하려면 대상 컴퓨터에 무선 LAN 어댑터 기능이 내장되어 있어야 한다(혹은 추가로 USB 어댑터 등을 장착해야 한다).

일반적으로 자주 사용하는 무선 LAN 접속 방법은 '인프라 모드'다. 액세스 포인트(Access Point, AP)라는 기지국을 사용하는 것으로, 개별 컴퓨터는 무선 LAN

관련 용어

어댑터의 기능을 통해 기지국에 무선으로 접속한다. 액세스 포인트는 유선 LAN의 허브에 해당하는 역할을 담당하므로 기존의 유선 LAN이나 다른 무선 LAN 단말기가 이를 통해 상호 통신을 할 수 있다.

또 다른 접속 방법은 '애드훅 모드'다. 무선 LAN 어댑터끼리 직접 통신하는 이 방법은 그다지 널리 쓰이지 않지만, 일대일의 데이터 통신을 간단하게 수행하고 싶은 경우 등에 사용된다.

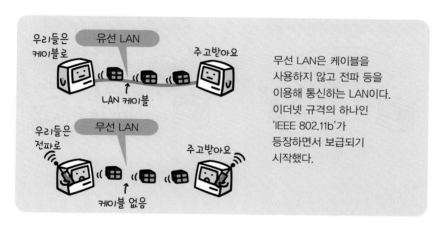

무선 LAN은 현재 널리 보급되어 있어 노트북은 물론이고, 스마트폰이나 게임기에 이르기까지 다양한 기기에 기본으로 탑재되어 있다.

이러한 기능을 추가하려면 별도로 무선 LAN 어댑터를 추가해야 한다. USB 연결 형태나 내장 카드 형태가 일반적이다.

무선 LAN에는 다음 두 가지 접속 방법이 있다.

PLC는 전력선 통신(Power Line Communication)의 약어로, 송전용 전기 배선을 사용하여 통신하는 기술이다. 평상시 네트워크 접속에 사용하는 LAN 케이블을 전기 배선으로 바꾸어 사용할 수 있게 한 기술이라고 이해하면 된다.

각 층에 LAN 접속 단자가 설치되어 있지 않은 건물이라도 전기용 콘센트는 반드시 설치되어 있다. 따라서 각 층의 콘센트에 전용 PLC 어댑터를 설치하여 PLC 어댑터 사이의 전기 배선을 사용해 네트워크 통신을 가능하게 하는 것이 이 기술의 특징이다.

기존 건물에 LAN 배선을 구축하려면 대규모 공사가 필요하지만, 이 방식을 사용하면 기존의 전기 배선을 그대로 LAN의 네트워크 배선으로 사용할 수 있기 때문에 공사가 필요하지 않다. 또한, 통신용으로 변경한다고 해서 전기 배선으로 이용할 수 없는 것이 아니므로 건물 내 LAN 배선을 간단히 구현할 수 있다.

PLC 어댑터에는 콘센트에 연결할 때 사용하는 전원 케이블 외에도 LAN 케이블 연결용 단자가 준비되어 있다. 컴퓨터를 PLC 어댑터에 연결할 경우 이 단자에 LAN 케이블을 연결하여 통신한다. 처음에는 수 Mbps 정도의 통신 속도였는데, 현재 시판되는 모델은 이론적으로 200Mbps 전후이며 실제 통신 속도는 60Mpbs 전후가 나온다.

관련 용어

PLC는 건물 내의 전기 배선을 사용하여 데이터 통신을 수행한다. 콘센트에 PLC 어댑터를 두 개 이상 연결하고 어댑터 사이의 전기 배선을 통해 데이터를 송수신하여 통신하는 구조다.

가정의 전기 배선은 '교류'라는 전기가 흐른다.

교류 전기는 60Hz의 주파수로 전송된다.

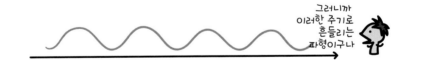

데이터 통신 신호는 수 MHz라는 굉장히 높은 주파수로 전송된다.

PLC 어댑터는 양쪽을 합친 신호를 만들어 전기 배선으로 송출한다.

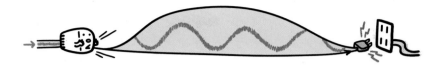

수신하는 쪽의 PLC 어댑터는 주파수가 높은 데이터의 송신 부분만 취득하여 사용한다.

3.10 블루투스

블루투스(Bluetooth)는 휴대용 정보 기기의 무선 통신 기술로, Bluetooth SIG라는 단체가 이끌고 있다.

2.4GHz 대역을 사용해 컴퓨터나 주변 기기, 개인용 정보 단말기(PDA), 가전, 휴대폰 등의 다양한 기기에 케이블을 사용하지 않고 접속할 수 있으며, 한 대의 마스터 기기에 슬레이브로 일곱 대까지 기기가 연결되는 방식이다. 마스터는 메인 기기, 슬레이브는 연결 대상 기기라고 생각하면 된다.

통신 속도는 Bluetooth 1.x 규격이 1Mbps이다. 고속화 기능에 대응한 Bluetooth 2.x+EDR 규격은 3Mbps이다. 또한, 차세대 Bluetooth 3.x+HS(High Speed)는 24Mbps로 점차 고속화가 진행되고 있다.

적외선 통신과 달리 기기 사이에 장애물이 있어도 문제가 없다. 통신 거리는 출력 레벨에 따라 세 가지로 나누어져 있으며, 가장 높은 출력인 Class1은 100m, Class2는 30m, Class3은 1m 거리에서 통신할 수 있다.

블루투스는 네트워크를 구축하기 위한 규격이 아니라 기기 상호 간을 무선으로 연결하기 위한 규격이다. 따라서 무선 LAN과는 용도가 다르다. 무선 LAN과 비교해 보면 통신 속도나 통신할 수 있는 거리가 뒤떨어지지만, 휴대폰에 탑재하는 것을 전제로 설계되어 있기 때문에 전력 소모가 굉장히 낮으며 제조 비용도 저렴하다.

관련 용어

블루투스 규격은 현재 Bluetooth 5.x까지 나와 있다.

Bluetooth 4.0에서는 기존의 3.x+HS의 방향성과 다르게 전력 소모가 크게 낮아졌다(단, 통신 속도는 1Mbps). 5.0에서는 전력이 낮은 특징을 유지하면서 4.0에 비해 통신 속도가 두 배 빨라지고, 통신 범위가 최대 네 배(400m)로 확장되었다.

블루투스는 휴대 정보 기기를 대상으로 하는 무선 통신 기술이다. 2.4GHz 대역을 사용하며 케이블을 사용하지 않고 다양한 기기와 접속할 수 있다.

블루투스는 네트워크용 기술이 아니며, 케이블 없이 기기와 기기를 연결하는 것을 주목적으로 좀 더 폭넓게 이용되고 있다.

한 대의 마스터 기기에 대해 슬레이브로 일곱 대까지 기기를 연결할 수 있다.

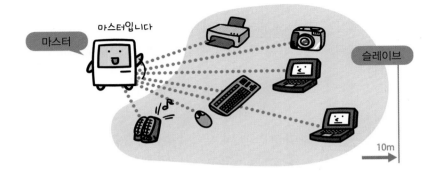

3.11 공인 IP 주소

IP 네트워크를 기반으로 하는 인터넷 세계에서는 컴퓨터 한 대마다 IP 주소라는 번호를 할당하여 각각을 식별한다. 당연히 그 번호는 전 세계에서 중복되지 않은 유일한 번호라는 것이 보장되어야 한다.

'전 세계에서 유일한 번호라는 것을 보장하는' IP 주소를 '공인 IP 주소(public IP address)'라고 한다.

공인 IP 주소는 전 세계에 하나만 존재하는 값이어야 하므로, 개인이 마음대로 할당할 수 없다. 나라마다 이를 위한 전문 기관이 있고, 기관의 관리하에 할당받게 되어 있다.

한국의 공인 IP 주소 할당은 한국인터넷정보센터(Korea Network Information Center, KRNIC)가 그 역할을 담당하고 있다.

IP 주소는 32비트의 정수로 표현하기 때문에 중복되지 않는 번호의 수가 유한하다. 따라서 LAN의 내부와 같이 제한된 범위 안에서는 별도로 사설 IP 주소를 할당하여 사용하는 것이 일반적이다.

관련 용어

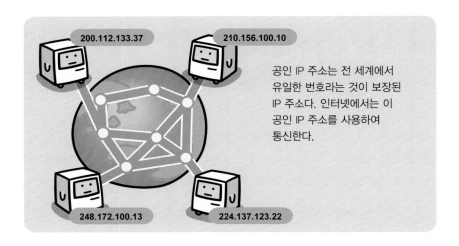

공인 IP 주소는 전 세계에서 유일한 번호라는 것이 보장된 IP 주소다. 인터넷에서는 이 공인 IP 주소를 사용하여 통신한다.

공인 IP 주소는 IANA(Internet Assigned Numbers Authority)를 정점으로 하는 계층 구조로, 지역별로 할당되어 관리된다.

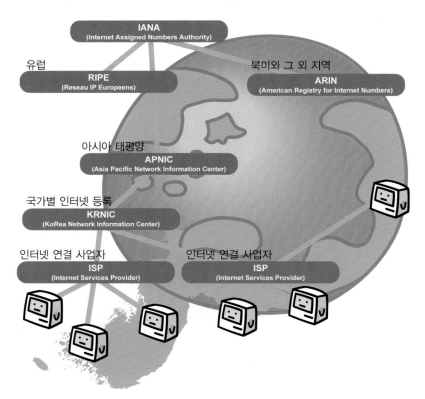

3.12 사설 IP 주소

IP 주소는 32비트 정수로 표현하기 때문에 중복되지 않는 번호의 수는 한정되어 있다. 따라서 인터넷처럼 전 세계의 컴퓨터가 연결되어 있는 네트워크에서 모든 컴퓨터에 개별 IP 주소를 할당하는 것은 현실적으로 가능하지 않다.

그렇기 때문에 IP 주소는 전 세계에서 유일한 번호가 보장되는 공인 IP 주소와 제한된 범위 안에서 사용하는 개인적인 IP 주소로 나누어진다.

이 개인적인 IP 주소를 '사설 IP 주소(private IP address)'라고 한다. LAN처럼 제한된 작은 범위의 네트워크에는 사설 IP 주소를 할당하는 것이 일반적이다.

IP 주소는 컴퓨터 네트워크의 주소나 전화번호 같은 것으로, 상대를 특정하기 위해 사용한다. 그런데 사설 IP 주소는 '개인적인 공간 안에서만 통용되는 목적지'다. 예를 들면 사무실의 내선 번호나 부서 같은 표현과 비슷하다. 따라서 이 주소로 공용 공간인 외부와는 통신할 수 없다.

사설 IP 주소가 할당된 컴퓨터가 공용 공간인 외부 세계와 통신하려면 NAT나 IP 마스커레이드 같은 수단을 사용해 주소를 변환해야 한다.

관련 용어

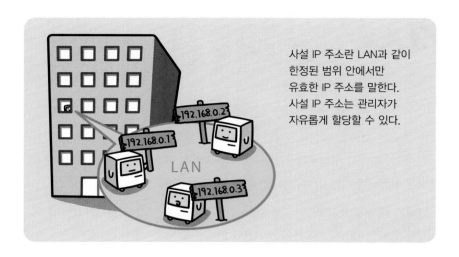

사설 IP 주소란 LAN과 같이 한정된 범위 안에서만 유효한 IP 주소를 말한다. 사설 IP 주소는 관리자가 자유롭게 할당할 수 있다.

사설 IP 주소는 전화로 말하면 내선 번호 같은 것이므로 외부 세계와의 통신에는 사용할 수 없다.

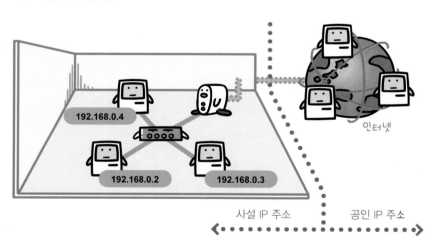

사설 IP 주소는 네트워크의 규격에 의해 세 클래스로 나누어진다. 각각의 클래스에서 사용할 수 있는 IP 주소는 다음과 같이 정해져 있다.

클래스	IP 주소	서브넷 마스크
A 클래스(대규모 네트워크용)	10.0.0.0~10.255.255.255	255.0.0.0
B 클래스(중규모 네트워크용)	172.16.0.0~172.31.255.255	255.255.0.0
C 클래스(소규모 네트워크용)	192.168.0.0~192.168.255.255	255.255.255.0

3.13 워크 그룹 네트워크

마이크로소프트사의 윈도 OS에서 기본적인 네트워크 관리 수단은 워크 그룹 네트워크다. 서버에 의해 네트워크상의 컴퓨터를 집중 관리하는 것이 아니라 각 클라이언트 컴퓨터끼리 서로 자원을 공유하는 분산 관리형 네트워크다.

네트워크상의 컴퓨터는 워크 그룹이라는 단위로 그룹화된다. 이때 각각이 속하는 워크 그룹은 각 컴퓨터마다 워크 그룹 이름을 입력하여 지정한다. 스스로 지정하는 형태다. 마이크로소프트사가 내놓은 윈도 95 이후의 OS는 모두 이 기능을 표준으로 가지고 있다.

각 클라이언트 컴퓨터는 자유롭게 파일이나 프린터 공유를 설정할 수 있으므로 매우 간편하게 취급할 수 있다는 것이 장점이지만, 반면 액세스 제한과 같은 보안적인 면은 매우 취약해 사용자나 네트워크 자원의 집중 관리를 할 수 없다. 보안이나 관리에 중점을 둔 네트워크의 경우는 윈도 서버 제품(Windows Server 2019 등)을 설치하여 클라이언트 · 서버형 도메인 네트워크로 구성해야 한다.

마이크로소프트사는 일반 소비자용 OS에는 워크 그룹 네트워크를 표준으로 제공한다. 따라서 마이크로소프트사의 OS인 윈도 10(Windows 10)은 개인용 대상의 Home 에디션으로 참가할 수 있는 네트워크를 워크 그룹 네트워크만으로 한정하고, 도메인 네트워크에는 Pro 혹은 Enterprise 같은 에디션이 아니면 참가할 수 없도록 제한이 걸려 있다.

관련 용어

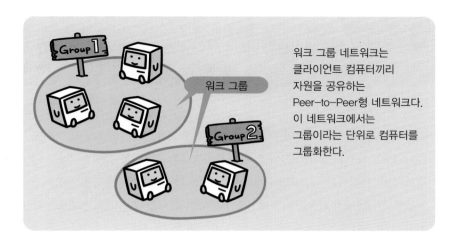

워크 그룹 네트워크는
클라이언트 컴퓨터끼리
자원을 공유하는
Peer-to-Peer형 네트워크다.
이 네트워크에서는
그룹이라는 단위로 컴퓨터를
그룹화한다.

클라이언트 컴퓨터가 스스로 설정하여 워크 그룹 네트워크에서 그룹을 나눈다.

각 컴퓨터에 설정된 워크 그룹명으로 자동으로 그룹이 구성된다.

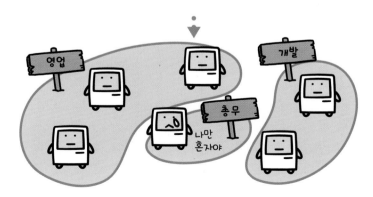

3.14 도메인 네트워크

윈도 NT(Windows NT) 서버를 기반으로 시작한 마이크로소프트사의 서버군(Windows Server 2019 등)에 의해 네트워크상의 컴퓨터를 도메인이라는 단위로 집중 관리하는 네트워크 관리 방법이다. 도메인이라는 명칭을 사용하기 때문에 인터넷에서 사용하는 도메인과 혼동하기 쉬운 용어이지만, 실제로는 완전히 다른 것이며 'AD(Active Directory) 도메인'이라고도 불린다.

네트워크에서 도메인에 참가하는 사용자는 서버에 의해 중앙 집중적으로 관리되며, 사용자 계정 추가 및 삭제, 비밀번호 인증 등은 모두 서버에서 수행된다. 이 서버를 도메인 컨트롤러라고 하며, 도메인에는 반드시 한 개 이상의 도메인 컨트롤러가 설치되어 있다.

한 개 이상이라는 것이 무슨 의미인지 살펴보자. '비밀번호 인증 등은 서버에서 실시한다'가 전제이므로, 이 서버에 장애가 발생하면 네트워크에 큰 영향을 미치게 된다. 한 대의 장애가 전체의 장애로 직결되는 것은 바람직하지 않다.

따라서 이를 피하기 위해 도메인 컨트롤러를 여러 대 설치하여 문제가 발생한 경우에도 나머지 도메인 컨트롤러가 역할을 대체할 수 있도록 운영하는 것이 일반적이다.

이와 같이 설치된 도메인 컨트롤러는 서로의 관리 정보를 공유하여 장애가 발생한 경우에도 네트워크 기능이 계속 제공될 수 있도록 하고 있다.

관련 용어

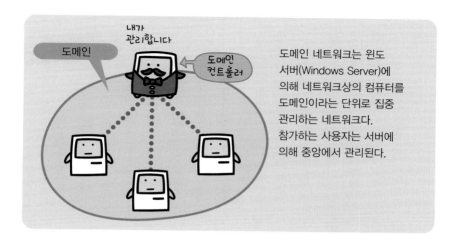

도메인 네트워크는 윈도
서버(Windows Server)에
의해 네트워크상의 컴퓨터를
도메인이라는 단위로 집중
관리하는 네트워크다.
참가하는 사용자는 서버에
의해 중앙에서 관리된다.

도메인에 참가하기 위해서는 도메인을 관리하는 도메인 컨트롤러의 인증을 받
아야 한다.

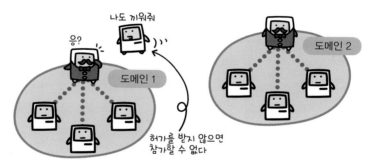

도메인 컨트롤러는 도메인에 참가할 수 있는 사용자 설정이나 도메인 사이의
신뢰 관계 등 네트워크를 유연하게 관리하고 구성할 수 있다.

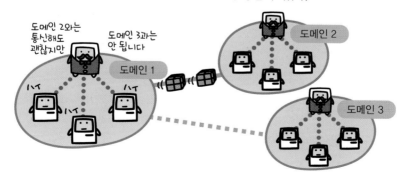

memo

4장

광역 통신망

4.1 WAN

WAN은 와이드 에어리어 네트워크(Wide Area Network)(광역 통신망)의 약어이며, 서로 떨어져 있는 컴퓨터나 LAN 사이를 전용선으로 연결한 네트워크를 말한다. 예를 들어 기업의 지사 간을 연결한 네트워크를 생각하면 된다.

'광역 통신망'이라는 의미이며, LAN처럼 직접 케이블을 연결하는 것이 아니라 통신 사업자가 제공하는 광역망을 이용해 구축한다.

기존에 WAN을 구축할 때는 전용선을 계약해 지사 간을 연결하거나, 아니면 지사 간에 필요에 따라 공중 회선(인터넷)을 이용해 전화로 접속하는 방법이 일반적이었다. 그러나 전용선을 이용하면 연결하는 두 지점 사이의 거리와 회선 속도에 따라 비용이 증가하고, 전화 접속 역시 거리와 시간에 따라 통신료가 증가한다.

이보다 저렴한 선택지가 VPN(Virtual Private Network) 기술을 이용한 서비스다. VPN은 여러 사용자가 사용하는 통신망에 암호화 기술을 이용해 가상의 전용 공간을 만들어 통신하는 것이다.

VPN에는 여러 가지 유형이 있다. IP-VPN과 광역 이더넷은 전용선과 마찬가지로 통신 사업자의 폐쇄된 회선을 사용해 이를 VPN 기술로 여러 사용자가 공유하는 서비스다. 인터넷 VPN은 인터넷 회선을 사용하여 VPN을 구축하는 방법이다.

가장 저렴한 방법은 인터넷 VPN이지만, 이 경우 암호화되어 있다고 해도 도중에 불특정 다수가 사용하는 인터넷을 거치게 되므로 보안이 취약해질 수 있다.

관련 용어

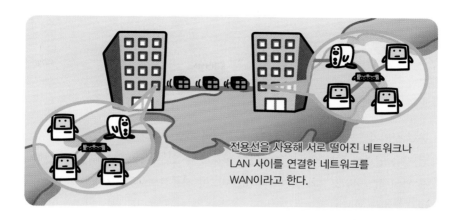

전용선을 사용해 서로 떨어진 네트워크나
LAN 사이를 연결한 네트워크를
WAN이라고 한다.

연결 수단으로는 다음과 같은 방법이 있다.

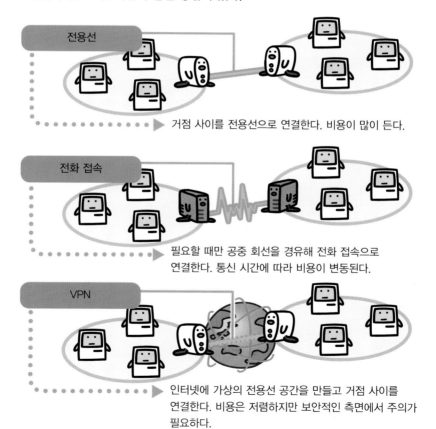

전용선

거점 사이를 전용선으로 연결한다. 비용이 많이 든다.

전화 접속

필요할 때만 공중 회선을 경유해 전화 접속으로
연결한다. 통신 시간에 따라 비용이 변동된다.

VPN

인터넷에 가상의 전용선 공간을 만들고 거점 사이를
연결한다. 비용은 저렴하지만 보안적인 측면에서 주의가
필요하다.

4.2 전용선

통신 사업자가 제공하는 서비스로, 매달 정해진 요금을 지불하면 특정한 두 지점 간을 연결해 통화 시간에 관계없이 이용할 수 있는 전용 회선을 말한다. 회선 방식에는 아날로그와 디지털이 있으며, 이 전용선으로 지사 간을 연결하여 내선 통화나 광역 네트워크 통신망을 구축할 수 있다.

컴퓨터 네트워크용으로 제공하는 전용선 서비스는 주로 LAN 사이를 연결하는 WAN을 구축하는 데 사용되고, 회선 방식은 디지털 회선을 사용하는 것이 일반적이다. 공중 회선의 종량제와 달리 임대로 사용하는 회선이기 때문에 통신 시간에 관계없이 상시 접속용 통신 회선으로 사용할 수 있다.

매월 발생하는 고정 요금은 연결된 두 지점의 물리적 거리와 회선의 통신 속도에 비례하여 올라간다. 가장 저렴한 경우도 한 달에 수십만 원을 지불해야 하므로 개인이 계약하는 경우는 별로 없다.

예전에는 WAN용 상시 접속이 가능한 것으로 전용선 외에는 다른 선택지가 없었지만, 현재는 VPN(Virtual Private Network) 기술을 이용한 가상 전용선 연결을 저렴하게 이용할 수 있다.

관련 용어

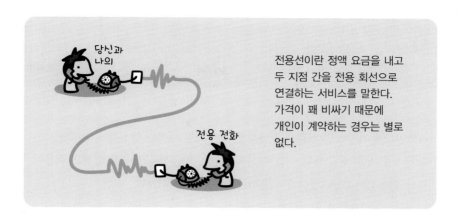

전용선이란 정액 요금을 내고
두 지점 간을 전용 회선으로
연결하는 서비스를 말한다.
가격이 꽤 비싸기 때문에
개인이 계약하는 경우는 별로
없다.

전용선은 통화 시간에 상관없이 사용할 수 있다.

4.3 VPN

네트워크에 가상적인 전용선 공간을 만들어 거점 사이를 안전하게 연결하는 기술이나 이를 통해 구축된 네트워크를 말한다. 전용선을 사용한 연결은 비용이 비싼 원격지의 LAN 연결에 사용하는 것이 일반적이지만, VPN(Virtual Private Network)을 사용하면 저렴하게 도입할 수 있다.

VPN은 크게 기존의 인터넷 회선을 이용하는 인터넷 VPN, 통신 사업자의 폐쇄된 통신망을 사용하는 IP-VPN, 그리고 광역 이더넷으로 나누어진다.

인터넷 VPN을 사용하려면, 상호 연결 부분에 전용 VPN 장치나 이러한 기능이 내장된 라우터와 방화벽을 설치해야 한다. VPN 장치는 통신 데이터를 암호화한 후 인터넷에 전송하고, 수신하는 쪽에서 암호를 해독한다. 전송 경로인 인터넷상에서는 데이터를 해독할 수 없기 때문에 정보 누설이나 변조의 위험으로부터 통신 데이터를 지킬 수 있다. 하지만 VPN 장치가 서로 호환되는 암호화 방법을 사용하지 않으면 데이터를 해독할 수 없다. 그래서 현재는 VPN의 표준 프로토콜로 IPSec(Internet Protocol Security)이라는 규격이 정의되어 있어 이 프로토콜을 지원하는 기기라면 제조사가 다른 기기라도 통신할 수 있다.

IP-VPN과 광역 이더넷은 통신 사업자가 제공하는 서비스다. 이 서비스는 인터넷이 아니라 전용선과 마찬가지로 폐쇄된 통신망을 VPN 기술을 통해 여러 사용자가 공유하는 형태다. 비용은 인터넷 VPN보다 비싸지만 인터넷과 격리되어 있으므로 보안 면에서 유리하다.

관련 용어

또한, VPN에는 LAN끼리 접속하는 형태 외에 원격 접속 형태로 연결하는 방법도 있다. PPTP(Point to Point Tunneling Protocol)를 통해 LAN 외부의 인터넷 회선을 경유한 가상 전화 접속이 이에 해당한다.

인터넷 VPN을 사용하려면 서로 연결되는 부분에 VPN 기능을 가진 기기를 설치해야 한다.

인터넷을 경유하여 데이터를 전송할 때는 VPN 장치가 데이터를 암호화하여 전송한다. 수신하는 쪽에서는 암호화 데이터를 해독하여 내부 네트워크에 전송한다.

이와 같이 중간 경로에서의 통신 데이터가 암호화되어 있으므로 정보 누설이나 변조 등의 위협을 피할 수 있다.

4.4 ISDN

ISDN은 Integrated Services Digital Network(통합 디지털 통신망)의 약어로, 전화나 팩스, 데이터 통신을 통합하여 취급할 수 있는 디지털 통신망을 나타낸다. 국제 표준 규격으로 정해져 있으며, 한국에서는 한국통신(현재 KT)이 1993년에 일반인을 대상으로 서비스를 시작했다(https://namu.wiki/w/ISDN 참고). 일반 전화의 아날로그 회선에 비해 회선 상태가 안정적이므로 고속으로 안정적인 통신이 가능하다.

현재 서비스로 제공되는 것은 Narrow ISDN이라고 불리며 일반 전화선을 사용하여 통신한다. 이 회선은 세 개 채널로 구성되어 있으며, 제어용으로 통신속도 16kbps의 D 채널 한 개와 통신용으로 통신 속도 64kbps의 B 채널 두 개를 가지고 있다.

통신용 B 채널은 한 채널을 하나의 가상 회선으로 사용할 수 있기 때문에 전화회선은 두 개의 채널을 동시에 이용할 수 있다. 따라서 인터넷을 하면서 전화를 사용하거나, 팩스용과 전화용을 별도의 회선으로 나눌 수도 있다.

또한, 벌크 전송이라는 것도 있는데, 이 방식의 경우 두 선의 B 채널을 동시에 묶어 사용하면 128kbps의 속도로 통신할 수 있다.

관련 용어

인터넷을 사용하기 위한 통신 회선이라는 측면에서, 현재는 좀 더 빠른 ADSL 이나 광케이블로 바뀌고 있으므로 이러한 용도로 ISDN을 이용하는 경우는 별로 없다. 또한, ADSL과 ISDN은 서로 간섭을 받을 우려가 있다.

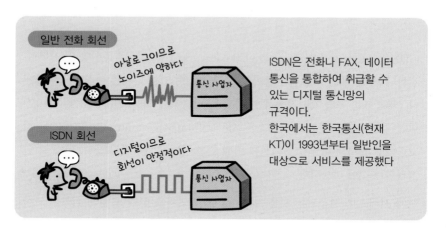

ISDN은 디지털 회선이므로 일반 아날로그 통화에 사용하는 전화기나 FAX는 DSU나 TA 같은 기기를 통해 연결한다.

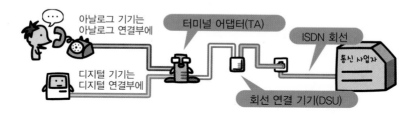

디지털 회선의 안쪽은 채널이라는 개념으로 세 개의 가상 회선으로 나누어져 있다.

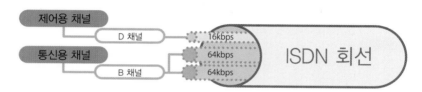

B 채널은 하나의 채널을 하나의 가상 회선으로 사용할 수 있으므로 전화 회선으로 동시에 두 개를 사용할 수 있다.

4.5 xDSL

전화국과 가입자 사이에 아날로그 전화용으로 설치되어 있는 기존의 구리선을 이용하여 수 Mbps의 고속 디지털 통신을 구현하기 위한 기술이다. 용도와 속도에 따라 다양한 종류가 있는데, 이를 총칭하여 xDSL(x Digital Subscriber Line)이라고 한다.

아날로그 전화 회선은 전화국과 가입자를 연결한 구리선에 아날로그 전기 신호를 보내서 통화를 한다. 일반적으로 아날로그 통화에서 사용하는 주파수 대역은 4kHz까지로 알려져 있는데, xDSL은 이보다 높은 주파수 대역을 사용하여 고속 데이터 통신을 수행한다. 그러나 전화용 케이블을 사용하기 때문에 고주파 신호는 감쇠해 버린다. 따라서 전화국에서 몇 km 이내의 단거리가 아니면 사용할 수 없다.

xDSL로 통신하는 케이블의 양쪽 끝에는 스플리터라는 기기를 설치한다. 이 기기는 주파수 대역에 따라 아날로그 통화와 데이터 통신 신호를 분리한다. 스플리터에 의해 분리된 신호 중 아날로그 통화용은 일반 전화기에, 데이터 통신용은 xDSL 모뎀에 연결되어 서로 간섭하지 않는다. 그렇기 때문에 음성 통화와 데이터 통신을 동시에 할 수 있는 것이다.

xDSL은 기존의 전화선을 활용하여 고속 데이터 통신이 가능하므로 광케이블과 함께 주목받고 있다.

관련 용어

xDSL은 일반적인 전화용으로 설치되어 있는 구리선으로 수 Mbps의 고속 디지털 통신을 구현하는 기술이다. 용도와 속도에 따라 다양한 종류가 있으며, 이를 총칭하여 xDSL이라고 한다.

아날로그 전화는 구리선이 전송할 수 있는 주파수 대역의 겨우 몇 %밖에 사용하지 않는다. xDSL은 이 외의 주파수를 사용하여 고속 통신을 수행한다.

전화 회선에서 출력되는 신호는 스플리터라는 기기를 사용해 주파수 대역별로 구분할 수 있다. 이로 인해 서로의 간섭을 방지한다.

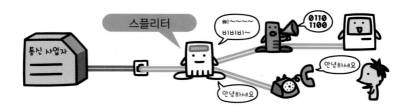

전화용 케이블을 사용하여 고주파 신호를 보내기 때문에 거리의 영향을 받아 신호가 감쇠하는 것이 단점이다.

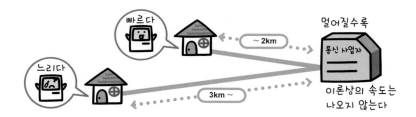

4.6 ADSL

ADSL(Asymmetric Digital Subscriber Line)은 전화국과 가입자 사이에 아날로그 전화용으로 설치되어 있는 기존의 구리선을 이용하여 수 Mbps의 고속 디지털 통신을 구현하기 위한 기술의 하나로, xDSL의 일종이다.

'비대칭(asymmetric)'이라는 말 그대로 전화국 → 가입자(다운링크)와 가입자 → 전화국(업링크)의 통신 속도가 다르다. 다운링크의 경우 1.5~50Mbps, 업링크의 경우 512kbps~5Mbps의 속도다. 속도가 다른 이유는 주로 인터넷을 사용한다고 가정했을 때 동영상이나 문서 등을 다운로드하는 용도가 많으므로 전화국 → 가입자(다운링크)의 속도를 빠르게 하는 것이 더 적절하기 때문이다.

ADSL은 기존의 전화선을 이용하지만 아날로그 통화에서 사용하는 4kHz의 주파수보다 높은 주파수 대역을 사용하여 통신한다. 둘 다 스플리터라는 기기로 아날로그 전화용 신호와 데이터 통신용 신호를 구분할 수 있으므로 상호 간섭이 없고, 전화와 인터넷을 동시에 사용할 수 있다. 또한, 데이터 통신 부분에 관해서는 통신 사업자의 전화 교환기를 통하지 않으므로 전화와 달리 이용 시간에 관계없이 정액 요금으로 서비스를 사용할 수 있다.

현재는 광케이블과 함께 일반적으로 널리 보급되고 있다.

관련 용어

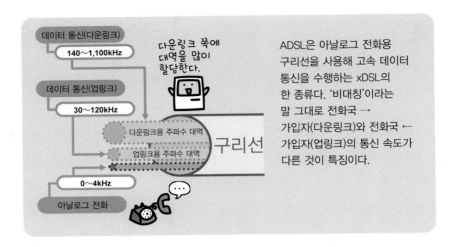

ADSL은 아날로그 전화용 구리선을 사용해 고속 데이터 통신을 수행하는 xDSL의 한 종류다. '비대칭'이라는 말 그대로 전화국 → 가입자(다운링크)와 전화국 ← 가입자(업링크)의 통신 속도가 다른 것이 특징이다.

ADSL은 주파수 대역이 비대칭으로 되어 있다. 인터넷에서 동영상이나 문서를 가져오는 다운링크 용도(다운로드)는 빠르고, 반대로 업링크 용도(업로드)는 느리다.

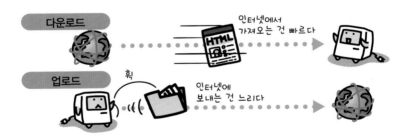

데이터 통신은 스플리터로 구분되어 통신 사업자의 전화 교환기를 통하지 않고 인터넷에 연결되기 때문에 이용 시간에 관계없이 정액으로 서비스를 사용할 수 있다.

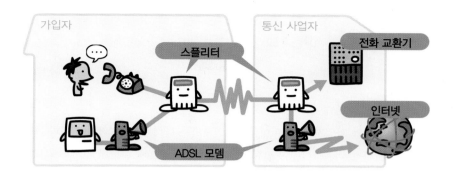

4.7 광케이블

현재 전화국과 가입자 사이는 아날로그 전화용 구리선으로 연결되어 있다. 광케이블 서비스는 구리선을 광섬유로 대체하여 더 빠르게 인터넷 통신을 할 수 있다.

광섬유는 내구성이 강해 구리선과 달리 외부 영향을 받지 않는다. 따라서 고속 전송의 특성을 이용한 고품질의 통신이 가능하다. 통신 속도는 10Mbps~2Gbps로 매우 빠르며, 기존에는 현실적이지 않았던 음악이나 동영상 같은 멀티미디어 콘텐츠도 충분히 전송할 수 있게 되었다. 현재는 네트워크를 이용한 각종 서비스 인프라로서 다양한 용도로 활용되고 있다.

예전에는 ADSL을 '광케이블로 넘어가는 중간 단계의 기술'로 봤으나, 지금은 공존하는 방향으로 수렴되고 있다. 광케이블 연결은 서비스 요금이 비싸므로, 저렴한 ADSL 서비스와 비교해서 사용자가 '자신이 요구하는 속도에 맞는 서비스를 선택하는' 형태로 정착 중이다.

관련 용어

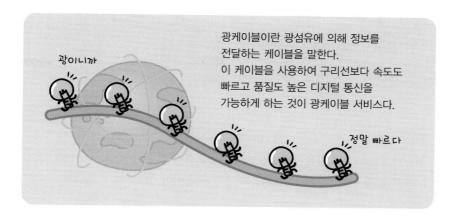

이 서비스는 전화국과 가입자 사이에 부설된 구리선을 광섬유로 대체한다.

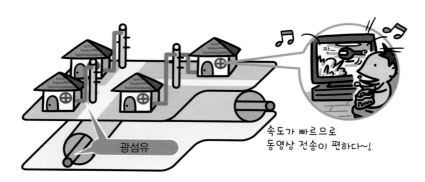

광케이블은 전송 속도가 굉장히 빠르고 구리선과 다르게 외부 영향에도 강하기 때문에 매우 고품질의 통신을 할 수 있다.

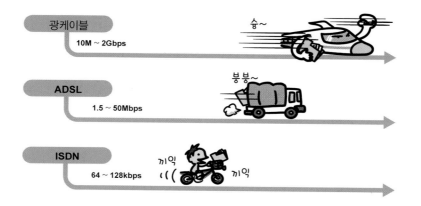

4.8 WiMAX

WiMAX(Worldwide Interoperability for Microwave Access)는 최대 50km의 전송 거리와 75Mbps의 전송 속도를 가진 고속 무선 통신 표준이다. 'WiMAX'라는 이름은 업계 단체인 WiMAX 포럼이 붙인 애칭이며, IEEE 802.16a라는 규격을 기준으로 정해진 IEEE 802.16-2004라는 규격과 그 내용을 말한다.

무선 통신이라는 틀에서 보면 IEEE 802.11ac 같은 무선 LAN이 떠오르겠지만, 무선 LAN은 집처럼 좁은 범위의 LAN에 대응하는 반면 WiMAX는 수십 km라는 중장거리 지역에 대응하는 것을 목적으로 사용한다.

WiMAX 포럼에서는 각 사의 통신 기기를 테스트하고, 기기 간의 호환성을 검증하고 있다. 이 포럼에서 호환성이 확인된 기기는 'WiMAX에 준한다'라고 인정되며 제조사 상호 간의 호환성이 보증된다.

WiMAX에는 그 밖에도 IEEE 802.12-2004에 대해 핸드오버[1] 사양을 부가한 IEEE 802.16e라는 규격을 기반으로 한 것이 있다.

관련 용어

---

1 **역주** 지역을 벗어나 인접 기지국 서비스 지역으로 이동할 때 단말기가 인접 기지국에 자동 동조되어 지속적으로 통화 상태가 유지되는 기능(IT 용어 사전 https://terms.naver.com/entry.naver?docId=861655&cid=42346&categoryId=42346)

'모바일 WiMAX'라고 하는 이 규격은 휴대폰이나 PHS 같은 이동 단말기의 고속 데이터 통신에 활용된다.

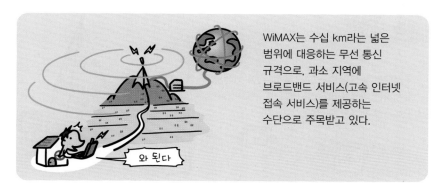

WiMAX는 수십 km라는 넓은 범위에 대응하는 무선 통신 규격으로, 과소 지역에 브로드밴드 서비스(고속 인터넷 접속 서비스)를 제공하는 수단으로 주목받고 있다.

와 된다

통상적으로 브로드밴드 서비스는 광케이블이나 ADSL로 제공하는 것이 일반적이다.

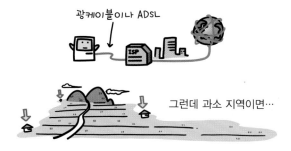

광케이블이나 ADSL

그런데 과소 지역이면…

회선을 구축하려 해도 기지국에서 너무 멀기 때문에 비용적인 면에서 현실적이지 않다.

아아….
고독하고
외로운 심정

여기에 무선 WiMAX!

무선으로 통신할 수 있으므로 각 집에 회선을
설치하는 비용을 고려하지 않고도 브로드밴드
서비스를 제공할 수 있다.

4.9 IP 전화

전화망의 일부를 인터넷을 경유하도록 대체한 전화 서비스다. 중간의 회선이 인터넷을 경유하므로 기존에 사용한 '거리와 시간에 따른 종량 과금제'를 따를 필요가 없다. 많은 사업자가 '거리에 관계없는 저렴한 정량제 전화 요금'을 상품으로 제공하고 있다.

IP 전화의 IP는 'Internet Protocol'의 약어이며, 그 이름 그대로 'Internet Protocol을 이용한 전화 서비스'라는 의미다. 초기에는 사업자마다 각자의 규격을 사용하는 경우가 대부분이었고 어디까지나 폐쇄된 범위 내의 전화 서비스에 한정되어 있었다. 그러나 현재는 VoIP(Voice over IP)라는 IP 네트워크상에서 음성 통화를 구현하는 기술에 대해 H.323이라는 표준 규격이 정해져 있으며, 각 회사가 VoIP용 기기로 개발하는 라우터나 교환기에 대해서도 이 규격을 지키게 되었다. 덕분에 상호 접속성이 향상되어서 통신 사업자뿐만 아니라 ISP(Internet Service Provider)의 서비스 메뉴에도 등록될 만큼 일반적으로 널리 보급되게 되었다.

다만 'IP 전화'라는 말을 위와 같은 통신 사업자가 제공하는 'VoIP 기술을 이용한 전화 서비스'에 한정하는 경우는 별로 없으며, '인터넷을 통한 음성 전화 전반'을 IP 전화라고 부르는 것이 일반적이다. 이 경우 SNS나 채팅용 애플리케이션을 통한 음성 전화도 이 범위에 들어간다.

관련 용어

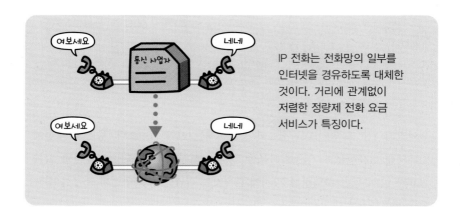

IP 전화는 전화망의 일부를
인터넷을 경유하도록 대체한
것이다. 거리에 관계없이
저렴한 정량제 전화 요금
서비스가 특징이다.

음성은 VoIP 기능을 가진 라우터에 의해 패킷으로 변환된다.

그런 다음 패킷은 IP를 사용하여 상대방에게 전달되고…

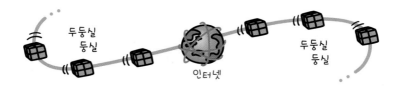

다시 음성으로 돌아가서 전화의 역할을 수행한다.

5장

하드웨어

5.1 NIC

NIC는 네트워크 인터페이스 카드(Network Interface Card)의 약어다. 컴퓨터에 네트워크를 연결하기 위한 확장 카드를 말하며, 다른 말로 'LAN 보드', 'LAN 카드', 'LAN 어댑터'라고 부르기도 한다. 현재 가장 많이 보급되어 있는 것이 이더넷 규격이므로, 단순히 NIC라고 하면 이더넷용 카드를 의미하는 경우가 대부분이다.

NIC는 네트워크의 인터페이스이며 물리적인 네트워크와의 접점이다. 네트워크를 통해 전송되는 데이터는 케이블에서는 단순한 전기 신호이지만, NIC를 통해 해석할 수 있는 통신 데이터로 컴퓨터에 전송된다.

과거 NIC의 일반적인 형태는 컴퓨터 안의 확장 슬롯에 연결하는 방식이었다. 하지만 네트워크의 필요성이 높아짐에 따라 기능 자체를 컴퓨터 내부의 기본 부품인 '칩셋'에 넣는 경우가 일반화되었다. 따라서 현재는 대부분의 컴퓨터가 네트워크 인터페이스를 표준으로 갖추고 있기 때문에 사용자가 별도로 추가하는 경우는 드물다. 이에 따라 '카드'라는 물리적인 형태를 직접 보는 일도 별로 없을 것이다.

다만, 현재도 NIC Express 버스용이나 USB용 같은 다양한 형태가 있어 사용하는 컴퓨터에 적합한 것을 선택할 수 있다.

현재 칩셋에 내장되어 있는 NIC의 기능은 대부분 고속의 1000BASE-T 규격을 지원하며, 통신 속도는 1Gbps에 이른다.

관련 용어

NIC(Network Interface Card)는 컴퓨터를 네트워크에 연결하기 위한 확장 카드다. PCI Express 버스용, PCI 버스용, USB용 등 다양한 형태의 제품이 있다.

NIC는 송신 데이터를 전기 신호로 변환하여 케이블에 흘려보낸다.

컴퓨터에 장착된 NIC에 LAN 케이블을 연결하여 컴퓨터와 네트워크를 연결한다.

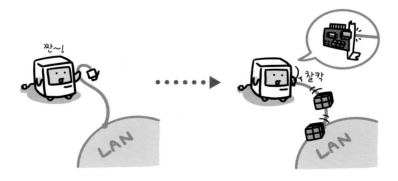

5.2 LAN 케이블

네트워크의 각 노드를 연결하기 위해 사용하는 케이블이 LAN 케이블이며, 네트워크 연결에 사용하기 때문에 네트워크 케이블이라고도 한다. 케이블은 한 가지 종류만 있는 것이 아니라, 사용하는 네트워크 규격에 따라 그 종류가 다양하다.

버스형 LAN인 이더넷의 10BASE-2나 10BASE-5 규격에서는 TV 연결에 사용하는 동축 케이블을 LAN 케이블로 이용한다. 이 케이블의 특성도 정해져 있어 10BASE-2는 5mm 굵기의 동축 케이블을, 10BASE-5에는 10mm 굵기의 동축 케이블을 사용한다.

스타형 LAN인 이더넷 10BASE-T나 100BASE-TX, 1000BASE 규격에서는 트위스트 페어(꼬임선) 케이블을 이용한다. 이 케이블은 전화선의 모듈 케이블과 구조가 비슷한데, 전화선이 네 개의 선을 가지고 있는 것과 달리 여덟 개의 선을 각각 네 개씩 꼬아 놓은 트위스트 페어 구조로 되어 있다. 또한, 등급에 의해 세분화되어 있으며 카테고리 3이 10BASE-T용, 카테고리 5가 100BASE-TX용, 카테고리 5e/카테고리 6이 1000BASE-T용으로 사용된다. 카테고리는 상위 호환(upward compatibility)이므로 상위 카테코리 5e를 사용하여 100BASE-TX 네트워크를 구축해도 문제없다.

관련 용어

마지막은 링형 LAN인 토큰링이다. 이 역시 이더넷의 10BASE-T나 100BASE-TX와 마찬가지로 트위스트 케이블을 사용한다. 사용하는 케이블의 카테고리는 전송 속도에 따라 다르며, 4Mbps의 경우는 카테고리 3, 10Mbps의 경우는 카테고리 4를 사용한다.

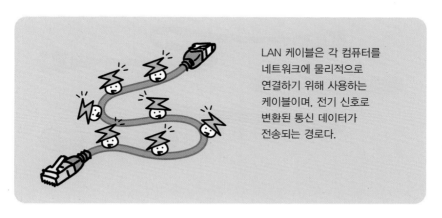

LAN 케이블은 각 컴퓨터를 네트워크에 물리적으로 연결하기 위해 사용하는 케이블이며, 전기 신호로 변환된 통신 데이터가 전송되는 경로다.

LAN 케이블을 연결하면 컴퓨터끼리 데이터를 주고받을 수 있다.

LAN 케이블은 사용하는 네트워크 규격에 따라 종류가 다양하다.

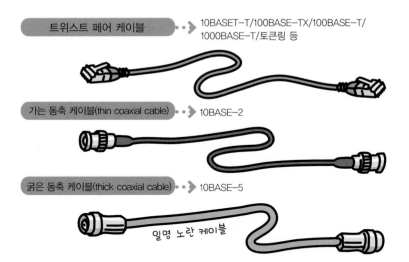

트위스트 페어 케이블　•‥▶　10BASET-T/100BASE-TX/100BASE-T/
1000BASE-T/토큰링 등

가는 동축 케이블(thin coaxial cable)　•‥▶　10BASE-2

굵은 동축 케이블(thick coaxial cable)　•‥▶　10BASE-5

일명 노란 케이블

5.3 리피터

OSI 참조 모델 1계층(물리 계층)의 중계 기능을 제공하는 장치다.

네트워크는 LAN 케이블에 전기 신호를 보내서 통신 데이터를 전송한다. 그러나 케이블이 길어지면 그 안에 흐르는 전기 신호가 감쇠하여 결국 해석할 수 없는 신호가 된다. 그렇기 때문에 LAN의 규격은 10BASE-5나 10BASE-T와 같이 각 방식마다 케이블의 총 연장 거리가 정해져 있다. 리피터(repeater)는 이렇게 감쇠한 신호를 증폭하여 송출함으로써 LAN의 총 연장 거리를 늘릴 수 있는 중계기다.

리피터를 확성기라고 생각하면 이해하기 쉬울 것이다. 원래라면 들리지 않는 먼 곳도 확성기로 음성을 증폭하여 소리를 전달한다는 점이 비슷하기 때문이다. 그러나 이러한 특성상 단순하게 입력된 파형을 그대로 증폭하여 송출하기 때문에 중계할 필요가 없는 에러 패킷 같은 것도 중계되어 버린다. 불필요한 데이터가 네트워크에 필요 이상으로 전송되므로 효율 면에서는 좋지 않다.

이더넷에서는 동일한 경로에 리피터를 네 개까지 사용하여 총 연장 거리를 늘릴 수 있다. 상한이 정해져 있는 이유는 몇 단계씩 리피터를 경유하면 신호가 왜곡되어 해석할 수 없게 되고, 또 총 연장 거리가 너무 길어지면 콜리전(신호 충돌) 감지가 잘 동작하지 않기 때문이다.

리피터를 여러 개 묶어서 멀티 포트로 사용하는 것을 허브라고 한다.

관련 용어

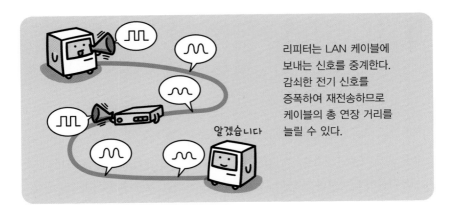

리피터는 LAN 케이블에 보내는 신호를 중계한다. 감쇠한 전기 신호를 증폭하여 재전송하므로 케이블의 총 연장 거리를 늘릴 수 있다.

규격 이상의 거리에 신호를 전송하면 신호가 왜곡되어 올바르게 통신할 수 없다.

이때 중간에 리피터를 설치하여 신호를 증폭하면 신호의 왜곡 문제가 해결된다.

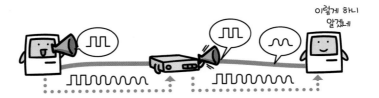

다만 입력된 파형을 증폭하여 송출하기 때문에 불필요한 통신 패킷도 중계된다.

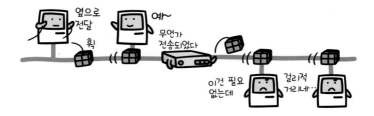

5.4 브리지

OSI 참조 모델 2계층(데이터 링크 계층)의 중계 기능을 제공하는 장치다.

브리지(bridge)는 그 이름처럼 '다리'를 의미하며 서로 다른 세그먼트 사이를 연결하는 역할을 한다. 세그먼트란 네트워크상의 단일 기기로부터 송출된 패킷이 무조건 도달할 수 있는 범위를 말한다.

브리지는 수신된 패킷을 검사하여 발신지와 수신지의 물리 주소(MAC 주소)를 기억한다. 이를 바탕으로 주소 테이블을 작성하여 이후에 중계되는 세그먼트 중 어디에 수신지 주소가 있는지 파악한다.

주소 테이블에 수신 패킷의 수신지가 있으면 브리지는 주소가 속해 있는 세그먼트에만 패킷을 전달한다. 이렇게 네트워크상의 패킷 흐름을 제어하여 네트워크 효율을 높일 수 있다.

브리지는 전송된 패킷을 중계하고 재송출하므로, 리피터와 마찬가지로 LAN의 총 연장 거리를 늘릴 수 있다. 또한, 브리지는 불필요한 패킷을 다른 세그먼트로 전달하는 일도 없기 때문에 콜리전(신호 충돌) 감지에 대한 문제도 발생하지 않고, 리피터에서 발생하던 다단 접속의 제한도 없다.

하지만 브리지의 주요 목적은 LAN의 총 연장 거리를 늘리는 것이 아니다. 세그먼트를 분리하여 불필요한 패킷 전송을 억제하고 네트워크의 효율성을 높이는 것이 주목적이다.

관련 용어

브리지를 여러 개 묶어서 멀티 포트화한 것을 스위칭 허브라고 한다.

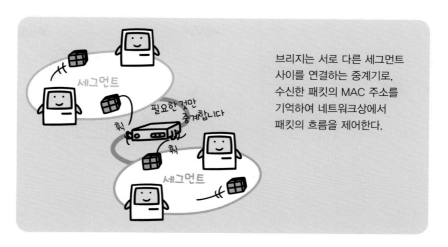

브리지는 서로 다른 세그먼트 사이를 연결하는 중계기로, 수신한 패킷의 MAC 주소를 기억하여 네트워크상에서 패킷의 흐름을 제어한다.

브리지는 연결되어 있는 컴퓨터의 MAC 주소를 기억한다.

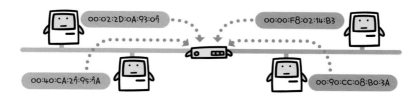

기억한 주소 테이블을 기준으로 다른 세그먼트에 전달해야 하는 패킷만 중계한다.

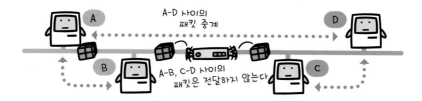

중계할 패킷을 전송할 때는 CSMA/CD 방식을 따르기 때문에 콜리전의 발생을 억제할 수 있다.

5.5 라우터

OSI 참조 모델 3계층(네트워크 계층)의 중계 기능을 제공하는 장치다. LAN과 LAN, LAN과 인터넷처럼 서로 다른 네트워크를 상호 연결하기 위해 사용한다.

라우터(router)는 네트워크 프로토콜 수준에서 경로 정보(라우팅 테이블)를 관리한다. 그리고 이 경로 정보를 기반으로 수신지의 네트워크로 통신 데이터를 중계한다.

라우터가 대응하는 프로토콜은 제품마다 정해져 있으며, 저렴한 제품은 IP에만 대응하는 것이 일반적이다. 이 경우 경로를 선택할 때 주소 정보로 IP 주소를 사용한다.

IP 주소가 집 주소라면 라우터는 우체국의 역할과 비슷하다. 우체국을 떠올려 보면 지역별로 우편물을 관리하고, 담당 지역에서 발송한 우편물의 목적지가 지역 안에 있으면 그대로 배송하고, 그 지역이 아니라면 목적지를 담당하는 우체국으로 전송한다. 라우터도 이와 같다. IP 주소를 바탕으로 자신이 속한 네트워크 내(지역 내)가 수신지라면 외부로 송신하지 않고, 외부의 네트워크(지역 외)가 수신지라면 그쪽 네트워크를 담당하는 라우터에 패킷을 전송한다. 하지만 인터넷처럼 연결된 네트워크가 방대한 경우에는 직접 상대방의 네트워크에 전송하는 것이 불가능하다. 이 경우 좀 더 처리하기에 적합하다고 생각되는 라우터에 데이터를 송신하고, 그 라우터에서 더욱 적합하다고 생각하는 라우터에 다시 전송하는 식으로 최종 목적지 네트워크에 전달한다.

관련 용어

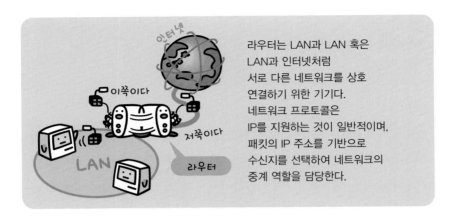

라우터는 LAN과 LAN 혹은 LAN과 인터넷처럼 서로 다른 네트워크를 상호 연결하기 위한 기기다. 네트워크 프로토콜은 IP를 지원하는 것이 일반적이며, 패킷의 IP 주소를 기반으로 수신지를 선택하여 네트워크의 중계 역할을 담당한다.

라우터는 수신한 패킷의 목적지가 LAN 내부라면 외부로 송신하지 않고 그대로 전달한다.

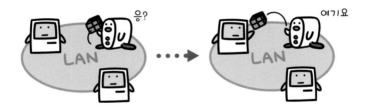

수신한 패킷의 목적지가 다른 네트워크라면 해당 네트워크를 담당하는 라우터에 전송을 의뢰한다.

목적지 네트워크가 먼 곳에 있어서 직접 주고받을 수 없는 경우에는 좀 더 가까운 라우터에 물통 릴레이를 반복하는 방법으로 문제없이 전달할 수 있다.

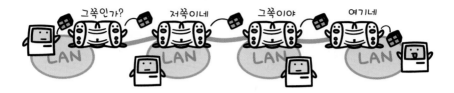

5.6 허브

허브(hub)는 여러 개의 LAN 케이블을 연결하는 집선 장치다. 이더넷의 10BASE-T나 100BASE-TX, 1000BASE-T와 같은 규격의 경우 허브를 중심으로 각 컴퓨터를 LAN 케이블로 연결하여 스타형 LAN을 만든다.

허브에 연결하는 LAN 케이블로는 트위스트 페어(꼬임선) 케이블을 사용한다. 케이블 끝은 RJ-45 모듈러 잭 규격으로 되어 있으며, 허브에는 이 잭을 꽂을 소켓이 여러 개 준비되어 있다. 이 소켓을 포트라고 한다.

컴퓨터는 포트와 일대일로 연결되기 때문에 허브의 포트 수가 그 허브에 연결할 수 있는 컴퓨터의 수다. 4포트에서 24포트까지 제품의 포트 수는 다양하지만, 만약 포트 수가 부족하더라도 여러 대의 허브를 연결하는 형태로 간단하게 포트를 늘릴 수 있다(이를 계단식 연결이라고 한다).

허브에도 10BASE-T나 100BASE-TX, 1000BASE-T에 대응하는 네트워크 규격이 정해져 있다. 따라서 사용할 때는 규격에 맞는 LAN을 선택해야 한다. 다만, 듀얼 스피드라고 불리는 제품은 10BASE-T/100BASE-TX 둘 다 지원하므로, 이 허브를 사용할 경우에는 두 개의 규격을 섞어서 사용할 수 있다.

가장 간단한 허브는 내부적으로 리피터를 여러 개 묶은 것이므로 리피터와 같은 제약이 있으며, 멀티 포트 리피터, 리피터 허브라고 부르기도 한다. 다만 1000BASE-T는 규격상 이러한 형식의 허브가 아니라 전부 '스위칭 허브'를 사용한다.

관련 용어

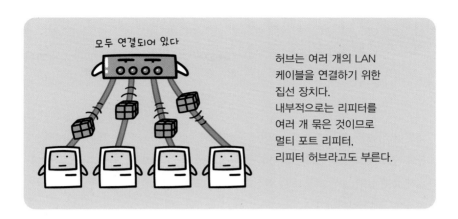

모두 연결되어 있다

허브는 여러 개의 LAN 케이블을 연결하기 위한 집선 장치다. 내부적으로는 리피터를 여러 개 묶은 것이므로 멀티 포트 리피터, 리피터 허브라고도 부른다.

허브에는 LAN 케이블 연결용 포트가 여러 개 준비되어 있다. 이 포트에 컴퓨터를 연결한다.

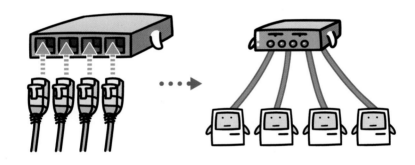

리피터와 마찬가지로 입력된 것을 단순히 증폭하여 송출하기 때문에 송신된 데이터는 모든 포트로 보내진다.

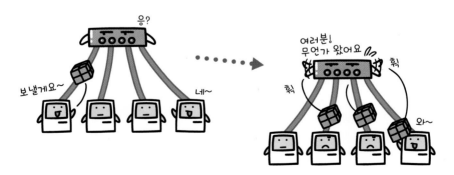

스위칭 기능을 가진 허브로, 일반적인 허브와 마찬가지로 여러 개의 LAN 케이블을 연결하기 위한 집선 장치다. 스위칭 기능은 허브가 가진 여러 포트 중에 실제로 통신이 발생한 포트만 연결하여 다른 포트에는 불필요한 패킷을 전송하지 않도록 한 것이다.

리피터의 집합체인 허브(이후 리피터 허브)와 달리 스위칭 허브는 브리지를 멀티 포트화한 것으로, 멀티 포트 브리지라고도 불린다. 수신 패킷을 모든 포트에 전송하는 리피터 허브와 달리 스위칭 허브는 실제로 통신을 실시하는 포트에만 패킷을 보낸다. 따라서 다른 포트는 동시에 다른 통신을 할 수 있다. 이처럼 패킷 충돌을 억제하기 때문에 네트워크 효율성을 향상시킬 수 있다. 또한, 브리지의 특성을 계승하기 때문에 리피터 허브와 마찬가지로 계단식 접속에 대한 제한도 없다.

스위칭 허브는 패킷을 수신했을 때 그 패킷을 보낸 포트와 패킷에 기록된 수신지의 MAC 주소를 연결한 테이블을 만든다. 이 테이블을 가지고 어떤 포트에 어떤 MAC 주소를 가진 기기가 접속되어 있는지 관리하며 포트 분배를 실시한다.

고속 통신 규격인 1000BASE-T를 지원하는 허브는 모두 이 스위칭 허브다.

관련 용어

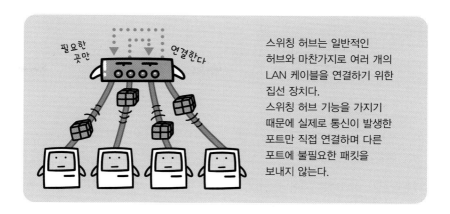

스위칭 허브는 일반적인 허브와 마찬가지로 여러 개의 LAN 케이블을 연결하기 위한 집선 장치다.
스위칭 허브 기능을 가지기 때문에 실제로 통신이 발생한 포트만 직접 연결하며 다른 포트에 불필요한 패킷을 보내지 않는다.

스위칭 허브는 각 포트에 연결된 기기의 MAC 주소를 기억하여 통신을 수행하는 포트를 직접 연결한다.

일부 포트가 통신 중이어도 비어 있는 다른 포트끼리 통신할 수 있기 때문에 대역을 유용하게 사용할 수 있다.

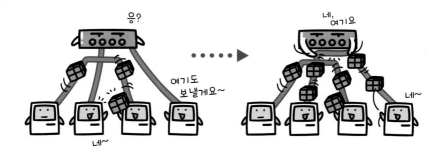

5.8 모뎀

모뎀(modem)은 아날로그 회선을 사용하여 컴퓨터의 디지털 신호를 전송할 수 있는 변조 복조기다.

컴퓨터에서 취급하는 데이터는 0과 1만으로 표현되는 디지털 신호이므로, 전화 회선과 같이 음성 전송을 주로 하는 아날로그 회선에 신호를 보내려면 디지털에서 아날로그로 변환해야 한다. 또한, 이렇게 변환하여 전송된 데이터를 수신할 때는 반대로 아날로그를 디지털로 변환해야 한다.

이와 같이 디지털에서 아날로그로의 변환을 변조(modulation), 아날로그에서 디지털로의 변환을 복조(demodulation)라고 하며, 변조 복조를 실시해 아날로그 회선과 컴퓨터를 연결하는 장치가 모뎀이다. 모뎀이라는 이름은 변조의 이니셜 MODulation과 복조의 이니셜 DE-Modulation을 조합한 것이다.

전화 회선을 사용하여 통신하는 일반적인 모뎀은 아날로그 모뎀이며 56kbps의 속도로 통신할 수 있다. 아날로그 모뎀에 의해 통신하는 도중에 전화기의 수화기를 들면 전화 회선에서 "삐, 지지지직…" 하는 소리가 들리는데, 디지털 데이터를 아날로그 음성으로 변조하는 소리다.

모뎀에는 그 밖에도 전화 회선을 사용하여 ADSL 통신을 실시하기 위한 ADSL 모뎀, 케이블 TV 망을 이용해 통신을 실시하는 케이블 모뎀 등이 있다.

관련 용어

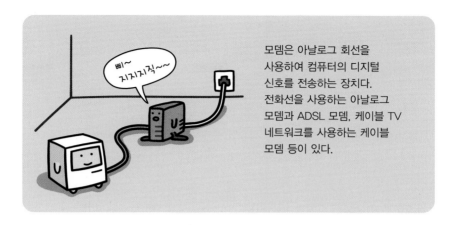

모뎀은 아날로그 회선을 사용하여 컴퓨터의 디지털 신호를 전송하는 장치다. 전화선을 사용하는 아날로그 모뎀과 ADSL 모뎀, 케이블 TV 네트워크를 사용하는 케이블 모뎀 등이 있다.

전송할 때는 디지털 신호를 아날로그 신호로 변환한다.

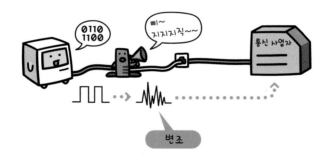

수신할 때는 송신할 때와 반대로 아날로그 신호를 디지털 신호로 변환한다.

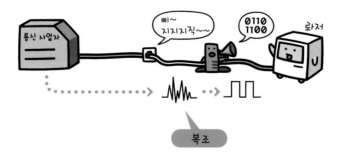

5.9 bps

bits per second의 약어로, 초당 전송할 수 있는 비트의 수를 나타내는 단위다. 비트는 컴퓨터의 데이터를 나타내는 최소 단위로, 1과 0 가운데 하나의 값을 가진다.

컴퓨터가 취급하는 디지털 데이터는 스위치의 전기적인 ON/OFF를 나타내는 2진수 데이터다. 비트란, 그 ON/OFF 상태를 유지하기 위한 최소 단위라고 생각하면 좋을 것이다.

예를 들어 아날로그 모뎀의 전송 속도인 56kbps는 초당 56k(약 56,000)비트의 정보를 전송할 수 있다는 뜻이다. LAN의 규격인 100BASE-TX의 전송 속도는 100Mbps이므로 초당 100M(약 100,000,000)비트의 정보를 보낼 수 있다.

비트와 마찬가지로 컴퓨터의 데이터양을 나타내는 단위로 바이트가 자주 사용된다. 바이트는 비트보다 큰 단위로, 8비트가 1바이트다. 예를 들어 CD-ROM에는 650MB의 데이터를 저장할 수 있는데, 이를 비트로 나타내면 5,200M비트가 된다.

bps는 전송 속도의 단위이므로 이 단위로 나타내는 수치를 사용해 데이터 전송에 필요한 시간을 계산할 수 있다. 예를 들어 아날로그 모뎀의 전송 속도는 56kbps다. 이 속도로 CD-ROM 한 장 분량의 데이터를 통째로 전송한다면,

---

관련 용어

650M바이트(= 5,200M비트 = 5,200,000k비트)÷56k비트로 1,548분(92,858 초)이 걸린다. 좀 더 빠른 100BASE-TX에서는 650M바이트(= 5,200M비트) ÷100M비트 = 52초로, 같은 데이터양이라도 1분도 안 되는 시간에 전송할 수 있음을 알 수 있다.

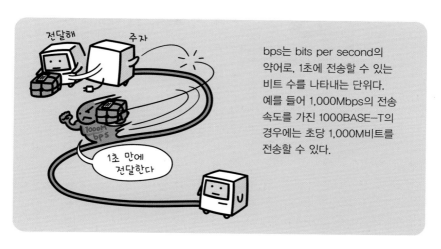

bps는 bits per second의 약어로, 1초에 전송할 수 있는 비트 수를 나타내는 단위다. 예를 들어 1,000Mbps의 전송 속도를 가진 1000BASE-T의 경우에는 초당 1,000M비트를 전송할 수 있다.

컴퓨터가 다루는 디지털 데이터는 전기적인 ON/OFF만으로 표현된다.

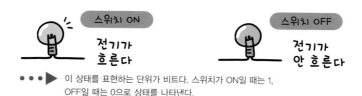

이 상태를 표현하는 단위가 비트다. 스위치가 ON일 때는 1, OFF일 때는 0으로 상태를 나타낸다.

이런 전구가 여덟 개 있다면 조합하여 256가지 패턴을 표현할 수 있다.

비트가 여덟 개 모이면, 바이트라는 단위가 된다. 바이트는 데이터를 표현하는 기본 단위다.

컴퓨터는 이 256가지의 조합을 사용해 '어느 것과 어느 것이 ON이면 A라고 표시한다'와 같은 방법으로 문자를 표현한다.

● ● ● ▶ 이러한 숫자의 집합이 실제 데이터가 된다. bps는 이러한 데이터를
전송하는 속도를 나타낸다.

5.10 게이트웨이

LAN과 외부 네트워크 같은 두 개의 네트워크를 연결하여 서로 통신하기 위해 필요한 기기나 시스템을 말한다. OSI 참조 모델의 전체 계층을 인식하여 통신 매체나 전송 방식 등의 차이를 흡수하고 이기종 간에 접속할 수 있도록 한다.

단순히 게이트웨이(gateway)라고 하면 여러 종류가 있으며, 전용 기기인 경우도 있고 컴퓨터상에서 동작하는 소프트웨어인 경우도 있다.

전자 메일을 예로 들면, 인터넷에서의 표준 전자 메일, IBM사의 Notes 메일, 휴대폰에서 보내는 전자 메일 등 그 규격이 다양하다. 메일 자체에 관한 규격도 다르고 네트워크에 전송되는 형식도 다르지만 서로 전송할 수 있다. 이는 메일 게이트웨이라는 전자 메일용 게이트웨이가 형식을 상호 변환하기 때문이다.

이와 같이 상대방의 네트워크에 맞는 규격으로 변환하여 서로 전송할 수 있게 하는 것이 게이트웨이의 특징이다.

단순히 게이트웨이라고 하면 라우터를 가리키는 경우가 많고, 이 경우에는 LAN에서 외부 컴퓨터에 액세스할 때의 출입구라는 의미를 가진다. 이때 표준으로 사용되는 게이트웨이를 디폴트 게이트웨이라고 하며, LAN 밖으로 송신되는 패킷은 일단 이 디폴트 게이트웨이로 전송된 후에 외부 네트워크로 전송된다.

관련 용어

게이트웨이는 다른 세계로의 출입구

게이트웨이란 두 네트워크를 연결하여 서로 통신하기 위해 필요한 장비 및 시스템을 말한다. 단순히 게이트웨이라고 하면 라우터를 가리키는 경우가 대부분이다.

게이트웨이는 다른 규격을 중개하는 역할을 하며 번역기처럼 동작한다.

예를 들면 구형 단말기(이른바 '피처폰'이라고 부르는)의 메일 기능과 인터넷 전자 메일도 중간에 메일 게이트웨이라는 시스템이 있어서 서로 메일을 주고받을 수 있다.

메일 게이트웨이

단순히 게이트웨이라고 하면, LAN과 외부 네트워크의 출입구에 해당하는 라우터를 말한다.

5.11 콜리전

콜리전(collision)이란 '충돌'이라는 뜻으로, 네트워크상의 컴퓨터가 동시에 패킷을 전송하면서 발생하는 충돌을 의미한다.

이더넷처럼 CSMA/CD 방식의 네트워크에서는 통신 경로에 데이터를 전송하기 전에 현재 통신이 이루어지고 있는지를 확인한다. 확인 후 아무도 통신 경로에 데이터를 전송하지 않을 때 패킷을 전송하지만, 확인에서 전송까지 시간 지연이 약간 있으므로 확인 작업을 마친 다른 컴퓨터에서 동시에 패킷이 전송되는 경우가 발생할 수 있다.

여러 대의 컴퓨터가 패킷을 전송하면 통신 경로상에서 패킷이 충돌하게 된다. 이렇게 통신 경로상에서 발생하는 충돌을 콜리전이라고 한다. 콜리전이 발생하면 충돌한 패킷은 손상되어 정상적인 통신을 할 수 없게 된다.

전송을 실시하는 컴퓨터는 콜리전이 발생하는지 항상 감시하고 있으며, 충돌을 감지하면 재밍(전파 방해) 신호를 송신해 일단 전송을 중지한다. 그 후 전송하려던 컴퓨터들이 개별적으로 임의의 시간을 대기하다가 다음 전송을 시도함으로써 충돌이 발생하는 것을 피할 수 있다.

이러한 구조이므로 콜리전이 발생하면 네트워크의 효율 저하를 일으키게 된다.

관련 용어

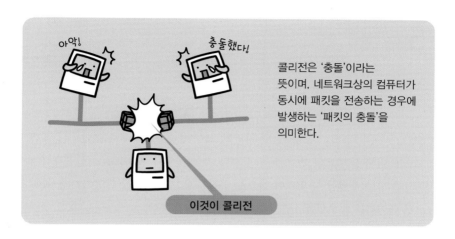

콜리전은 '충돌'이라는
뜻이며, 네트워크상의 컴퓨터가
동시에 패킷을 전송하는 경우에
발생하는 '패킷의 충돌'을
의미한다.

이더넷과 같은 CSMA/CD 방식의 네트워크에는 다른 곳에서 송신하지 않는 경우에만 데이터를 송신한다.

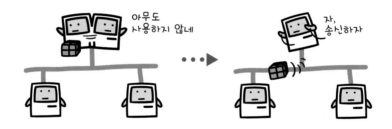

하지만 여러 대의 컴퓨터가 동시에 확인 작업을 했다면 전송이 겹치는 경우도 있다.

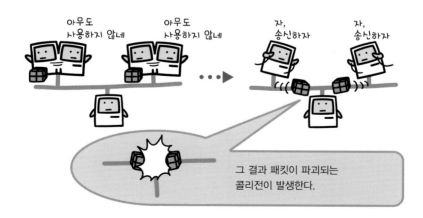

5.12 MAC 주소

NIC(Network Interface Card)별로 할당된 고유 번호로, 이더넷은 반드시 개별 NIC에 대해 48비트의 번호가 붙어 있다. 이더넷에서는 네트워크에 존재하는 노드를 모두 식별할 수 있어야 하므로 기기마다 고유 번호를 할당해 이를 바탕으로 데이터를 송수신한다.

MAC 주소(Media Access Control address)의 앞자리 24비트는 제조사의 식별 번호다. 이는 IEEE(미국 전기전자학회)가 각 제조업체에 할당한 공급업체 코드로 고유한 값이다. 뒷자리 24비트는 그 제조사가 자사 제품에 할당하는 고유 번호로, 역시 반드시 고유한 값을 사용한다. 이 둘을 조합한 번호는 개별 NIC에 할당된 MAC 주소가 전 세계에서 단 하나뿐이며 절대 중복되지 않는 값을 할당했다는 것을 보장한다.

OSI 참조 모델의 데이터 링크 계층에서 동작하는 브리지와 스위칭 허브는 이 MAC 주소를 기반으로 노드를 식별하고 패킷을 중계한다. MAC 주소는 물리적으로 정의된 주소로 사용자가 변경할 수 없다. 사실 네트워크 관리자를 제외하고는 일반적으로 사용자가 MAC 주소를 의식할 일이 거의 없다.

관련 용어

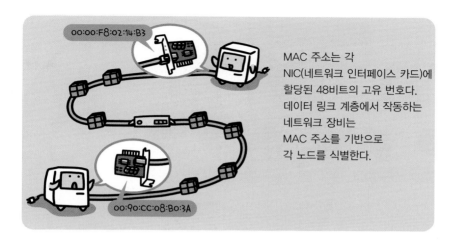

MAC 주소는 각 NIC(네트워크 인터페이스 카드)에 할당된 48비트의 고유 번호다. 데이터 링크 계층에서 작동하는 네트워크 장비는 MAC 주소를 기반으로 각 노드를 식별한다.

MAC 주소의 앞자리 24비트는 제조사의 식별 번호이고, 뒷자리 24비트는 제조사가 자사 제품에 할당하는 고유 번호다.

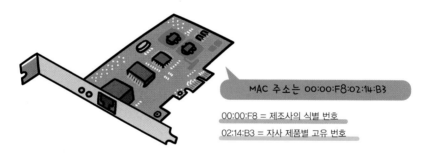

MAC 주소는 00:00:F8:02:14:B3

00:00:F8 = 제조사의 식별 번호
02:14:B3 = 자사 제품별 고유 번호

양쪽을 조합함으로써 개별 NIC에 할당된 MAC 주소가 전 세계에서 단 하나뿐임을 보장한다.

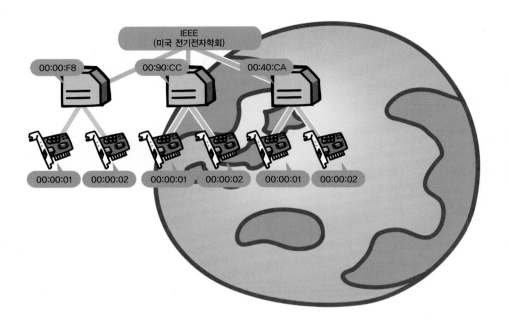

5.13 QoS

QoS는 Quality of Service의 약어이며, 'Quality(품질)'라는 말에서 느껴지듯이 네트워크상의 서비스에서 통신의 품질을 확보하기 위해 사용하는 기술이다.

예를 들어 IP 전화 같은 통화 서비스나 동영상의 배포 서비스 등에서는 실시간 전달이 중요하므로, 통신 지연은 곧바로 '음성이나 영상이 끊기는' 장애로 연결된다. 이러한 서비스에 우선적으로 네트워크 대역을 확보해 주는 것으로 그 품질을 보증하는 기술이 바로 QoS다.

이 기능은 주로 라우터 같은 네트워크 기기가 가지고 있으며, 크게 '우선 제어'와 '대역 제어'라는 두 가지 제어 형태로 나누어진다.

일반적으로 라우터는 도착한 순서로 패킷을 처리하지만, '우선 제어'에서는 패킷을 사용하는 서비스에 따라 우선순위를 정해 처리 순서를 바꾼다. 우선순위가 높은 패킷을 먼저 발송하도록 하는 것이다. '대역 제어'는 라우터를 통과하는 패킷의 종류에 따라 각각의 대역을 확보하거나 제한하여 통신 품질을 유지하는 것이다.

이와 같이 QoS는 '통신 품질을 확보하기 위한 제어 기술'로 사용되지만, 넓은 의미로 '통신 품질', '서비스 품질'이라는 의미도 가지고 있다. 특정 서비스에서 QoS를 보장하는 것을 QoS 보증이라고 한다.

관련 용어

QoS는 'Quality of Service'의 약어로, 네트워크상의 서비스에서 통신 품질을 확보하기 위해 사용하는 기술이다.

주로 라우터 같은 네트워크 기기가 QoS 기능을 갖추고 있다.

QoS는 두 가지 제어를 사용하여 회선 대역을 확보하기 위해 노력한다.

우선 제어 → 사용하는 서비스에 따라 패킷의 우선순위를 정해 처리 순서를 바꾼다.

대역 제어 → 패킷의 통신 패턴을 제어하여 서비스별로 대역을 제한한다.

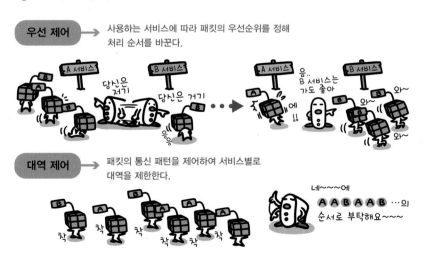

참고로 QoS와 반대로 대역을 보장하지 않는 서비스를 Best Effort형 서비스라고 한다.

5.14 UPnP

플러그 앤 플레이(Plug and Play)는 '연결하면 사용할 수 있다'는 의미다. 주변 장치를 컴퓨터에 연결할 때 구성이나 설정을 수행하지 않고도 자동으로 사용할 수 있음을 뜻한다.

UPnP는 유니버설 플러그 앤 플레이(Universal Plug and Play)의 약어로, 플러그 앤 플레이의 개념을 네트워크까지 확장한 것이다. 컴퓨터, 주변 기기, 가전제품에 이르기까지 네트워크에 접속하여 제어하는 것이 목적인 규격으로, 마이크로소프트사에 의해 제창되었다.

이 규격이 지원하는 기기에서는 네트워크에 참가해 IP 주소를 취득하거나 자신이 가진 기능을 네트워크상의 기기에 통보하는 것이 자동으로 수행된다. 즉, 네트워크에 대해 설정할 필요가 없으므로 '연결하면 사용할 수 있다'는 개념이 가능해진다.

현재는 마이크로소프트사의 윈도 Me(Windows ME)나 윈도 XP(Windows XP) 이후의 OS가 지원하며, 가정용 라우터도 이러한 기능을 구현한 제품이 늘어났다.

처음에는 마이크로소프트사 제품 중 UPnP를 이용한 화상 채팅이나 음성 통화 등에만 구현되었지만, 최근에는 DLNA라는 '모든 정보 기기, 특히 미디어 관련 가전제품을 상호 접속해 연동시키기 위한 가이드라인'의 기반 기술로 채택되어 가전 및 AV 기기 분야까지 활용 범위가 넓어지고 있다.

관련 용어

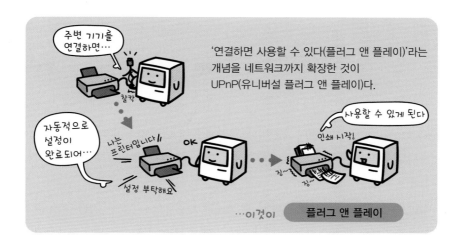

'연결하면 사용할 수 있다(플러그 앤 플레이)'라는 개념을 네트워크까지 확장한 것이 UPnP(유니버설 플러그 앤 플레이)다.

유니버설 플러그 앤 플레이 규격을 지원하는 기기를 네트워크에 접속시키면, 네트워크에 참가하기 위한 IP 주소를 취득하거나 자신의 기능을 네트워크상의 각 기기에 통보하는 것들이 자동으로 수행된다.

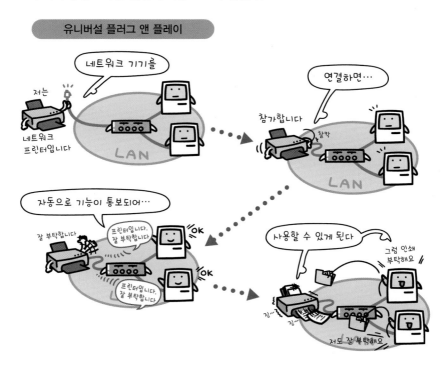

5.15 NAS

NAS(Network Attached Storage)는 네트워크에 직접 연결하여 사용하는 외부 저장 장치(스토리지)다. NAS에서 제공하는 저장 공간은 네트워크로 공유하면서 사용할 수 있다.

일반적으로 기억 장치라고 하면 PC에 접속해 사용하는 하드 디스크나 USB 메모리를 떠올릴 텐데, '이러한 것을 네트워크에 직접 연결해 사용(게다가 모두에게 공유할 수 있다)한다…'라고 생각하면 된다.

그 밖에 이와 비슷한 역할을 하는 장치로는 대표적으로 파일 서버가 있다. 파일 서버는 자신이 관리하는 기억 장치를 공유 가능한 폴더 등으로 네트워크에 개방하여 사용자가 네트워크를 경유해 그 영역을 사용할 수 있게 한다. 이렇게 하면 여러 컴퓨터와 사용자 간에 쉽게 데이터를 공유하고 업데이트할 수 있다.

NAS는 서버에서 파일 서버 기능만 빼내 전용 장치로 만든 것이다. 전용 장치인 만큼 네트워크에 접속하기 위해 필요한 통신 기능이나 파일 시스템의 관리 기능이 처음부터 들어 있으므로, 기존의 네트워크에 '연결하는 것만'으로 사용할 수 있어 간편하다.

내부 구성은 여러 가지가 있지만, 대부분은 RAID, 즉 '여러 개의 하드 디스크를 조합하여 기기 손상 시 데이터 손실이나 시스템 다운을 방지하는' 기능을 지원한다. 상위 기종은 핫 스왑 기능도 지원하여 시스템 가동 중에 내부의 하드 디스크를 빼내 교환할 수 있다.

관련 용어

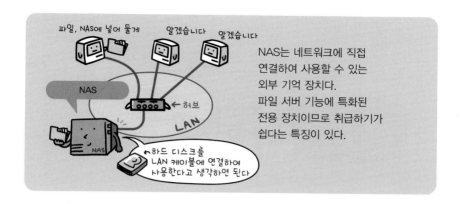

NAS는 네트워크에 직접 연결하여 사용할 수 있는 외부 기억 장치다. 파일 서버 기능에 특화된 전용 장치이므로 취급하기가 쉽다는 특징이 있다.

NAS의 가장 큰 특징은 뭐니 뭐니 해도 네트워크를 통해 파일을 저렴하고 간단한 방식으로 공유할 수 있다는 점이다.

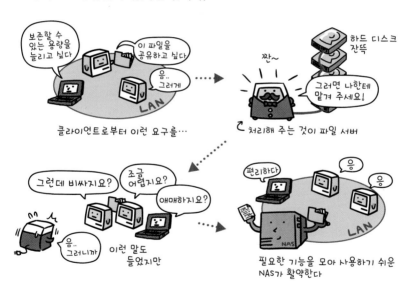

내부에 하드 디스크를 여러 개 내장하여 데이터의 손실이나 시스템 다운을 방지하기 위한 RAID 기능을 갖추고 있으며, 그 구성은 다양하다.

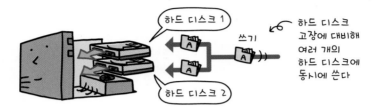

6^장

서비스와
프로토콜

6.1 DNS

TCP/IP 네트워크에서 호스트의 도메인 이름(컴퓨터명)으로 검색하여 해당 IP 주소를 취득하는 서비스를 말한다.

네트워크상의 모든 컴퓨터에는 IP 주소라는 식별 번호가 할당되어 있으므로, 통신할 때는 이 IP 주소를 바탕으로 상대를 지정하여 정보를 주고받는다. 하지만 IP 주소는 32비트의 단순한 숫자이므로 사람이 취급하기 어렵고 기억하기도 어렵다. 그래서 사람이 알기 쉬운 이름을 사용해 IP 주소를 지정할 수 있도록 만든 이름 풀이 기법이 몇 가지 있다.

DNS(Domain Name System)도 이름 풀이 기법 중 하나다. 이 서비스가 실행되고 있는 컴퓨터를 DNS 서버라고 부르는데, 서버 내에서 도메인 이름과 IP 주소가 기재된 데이터베이스를 관리한다. 클라이언트로부터 질의를 받은 서버는 데이터베이스를 검색해 도메인 이름에 해당하는 IP 주소를 반환한다. 이 방식으로 클라이언트가 IP 주소를 기반으로 통신할 수 있다.

즉, DNS는 전화번호 안내 서비스와 비슷하다. 도메인 이름으로 IP 주소를 얻는 것은 사람 이름으로 고유 번호인 전화번호를 알아내는 것과 큰 차이가 없다. DNS란 네트워크에서의 전화번호부 같은 것이라고 생각하면 된다.

관련 용어

DNS는 컴퓨터 이름으로
IP 주소를 알아내는
서비스다.
이 서비스가 실행되는
컴퓨터를 DNS 서버라고 하며,
이 서버에 질의하면
IP 주소를 얻을 수 있다.

TCP/IP 네트워크에서는
네트워크상의 컴퓨터를 IP 주소로
식별한다.

하지만 숫자는 기억하기 힘들기 때문에
컴퓨터에는 따로 이름이 있다.

DNS는 이 이름을 기반으로 해당
IP 주소를 취득하는 서비스다.

전화번호부를 보고 전화번호를 찾는 것과
비슷하다.

6.2 DHCP

DHCP는 Dynamic Host Configuration Protocol의 약어로, 네트워크 내의 컴퓨터에 IP 주소나 서브넷 마스크 같은 네트워크 정보를 자동으로 설정하기 위한 프로토콜이다.

IP 주소는 컴퓨터를 식별하기 위해 사용하므로, 하나의 네트워크에서는 설령 사설 IP 주소라고 해도 중복된 번호를 할당하는 것은 허용되지 않는다. 따라서 네트워크의 컴퓨터 IP 주소 정보를 항상 파악하여 중복되지 않도록 관리해야 한다.

DHCP를 사용하는 네트워크에서는 이러한 관리를 모두 DHCP 서버가 대행한다. 그렇기 때문에 관리 면에서 손이 많이 가지 않고, 게다가 자동으로 설정되므로 IP 주소가 중복되는 등의 사람에 의한 실수도 발생하지 않는다.

이 환경에서 서버는 클라이언트가 요청하면 해당 네트워크를 이용하기 위한 각종 설정과 사용할 수 있는 IP 주소를 발급한다. 네트워크에 접속하는 데 필요한 모든 설정이 자동화되어 클라이언트의 설정 오류로 네트워크에 연결할 수 없는 문제는 발생하지 않는다.

관련 용어

ISP(Internet Services Provider)를 이용하여 인터넷에 접속할 때는 DHCP를 통해 인터넷에서 이용하는 네트워크 설정을 취득하는 것이 일반적이다.

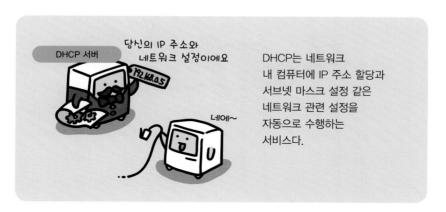

DHCP는 네트워크 내 컴퓨터에 IP 주소 할당과 서브넷 마스크 설정 같은 네트워크 관련 설정을 자동으로 수행하는 서비스다.

사설 IP 주소라도 하나의 네트워크에 IP 주소가 중복되는 것은 허용되지 않는다.

DHCP는 이러한 네트워크 설정을 자동화하여 관리 노력을 줄이고, 사람에 의한 실수를 제거한다.

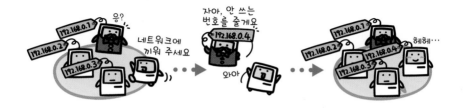

ISP로 인터넷에 접속할 경우 DHCP를 사용해 서버에서 네트워크 설정을 취득하는 것이 일반적이다.

6.3 NetBIOS

NetBIOS(Network BIOS)는 Network Basic Input/Output System의 약어로, '네트워크 기본 입출력 시스템'을 의미한다. 이름에서 알 수 있듯이 네트워크 서비스를 이용하기 위한 기본적인 입출력을 정의한 애플리케이션 프로그래밍 인터페이스(API)다.

NetBIOS는 원래 IBM사가 처음 내놓은 것으로, NIC에 구현된 프로그래밍 인터페이스가 시작이었다. 네트워크 서비스를 이용하는 프로그램은 이 인터페이스를 호출하여 파일 공유나 프린터 공유 같은 기능을 구현한다. OSI 참조 모델의 네 번째 계층인 전송 계층에 해당하는 서비스를 제공하며, 윈도 NT 4.0까지의 마이크로소프트 네트워크는 NetBIOS로 구현되어 있다.

NetBIOS는 컴퓨터를 식별하기 위해 16바이트짜리 NetBIOS 이름을 사용하므로, NetBIOS를 사용하는 네트워크에서는 각 컴퓨터에 동일한 NetBIOS 이름을 지정할 수 없다.

처음에는 NetBEUI라고 하는 네트워크 프로토콜용 전송 계층의 인터페이스였지만, 현재는 인터넷처럼 TCP/IP를 이용하는 네트워크가 보급되면서 다른 프로토콜에서도 NetBIOS의 인터페이스가 제공되고 있다. 특히 TCP/IP를 기본 프로토콜로 동작하는 NetBIOS를 NBT(NetBIOS over TCP/IP)라고 한다.

관련 용어

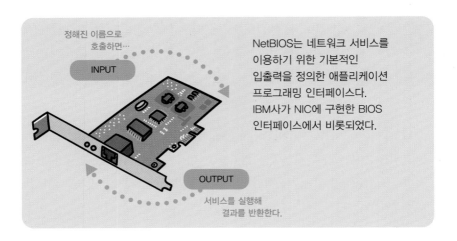

정해진 이름으로
호출하면…

INPUT

OUTPUT

서비스를 실행해
결과를 반환한다.

NetBIOS는 네트워크 서비스를
이용하기 위한 기본적인
입출력을 정의한 애플리케이션
프로그래밍 인터페이스다.
IBM사가 NIC에 구현한 BIOS
인터페이스에서 비롯되었다.

애플리케이션 프로그래밍 인터페이스란 '이 일을 하고 싶을 때는 이 명령을 호출하라'라고 미리 정해 둔 명령 세트를 말한다.

파일을
갖다 줘

슝

네

슝

백그라운드에서 수행하는 처리를 의식하지 않는다.

애플리케이션은 이 명령 세트를 호출하기 때문에 실제 통신에 이용되는 프로토콜 등을 의식할 필요가 없다.

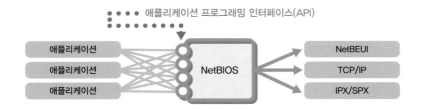

애플리케이션 프로그래밍 인터페이스(API)

애플리케이션

애플리케이션

애플리케이션

NetBIOS

NetBEUI

TCP/IP

IPX/SPX

NetBIOS에 의해 구성된 네트워크에서는 16바이트(16자)짜리 NetBIOS 이름을 사용하여 컴퓨터를 식별한다.

6.4 PPP

두 노드 사이, 즉 포인트에서 포인트를 일대일로 연결하여 네트워크화하기 위한 프로토콜이다. OSI 참조 모델의 2계층(데이터 링크 계층)에 위치하며 3계층 이상의 프로토콜과 조합해 이용한다.

이 프로토콜의 주된 역할은 포인트 사이를 연결하는 회선을 확정하여 네트워크 회선으로 이용 가능하게 하는 것이다. 접속할 때는 최초로 사용자 인증을 실시하고, 문제가 없으면 사용하는 프로토콜이나 에러 정정의 방법 등을 주고받아 통신 경로의 사양을 결정한다. 포인트 간에 "이런 식으로 통신하는 회선이라고 합시다"라고 대화하는 것과 비슷하다. 통신 경로가 확정되면, 나머지는 일반적인 네트워크와 마찬가지로 TCP/IP 등을 이용해 네트워크에 액세스할 수 있다.

PPP(Point to Point Protocol)는 전화 회선을 사용하여 컴퓨터를 네트워크에 연결할 때 자주 사용되는 프로토콜로, 외부로부터의 원격 액세스나 ISP(Internet Services Provider)로 다이얼업(dial up) 접속하는 용도로 이용된다. 특히 인터넷 접속은 ADSL 등의 등장으로 존재감이 약해졌지만, 예전에는 선택할 수 있는 것이 아날로그 모뎀에 의한 다이얼업 접속밖에 없었으므로 PPP는 널리 보급된 프로토콜이었다.

관련 용어

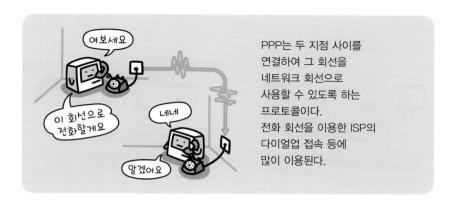

PPP 접속은 맨 처음에 사용자 인증을 한다.

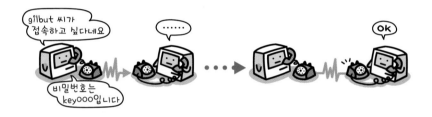

인증이 완료되면 회선에서 사용할 프로토콜 등을 결정하여 그 회선을 통신 경로로 확정한다.

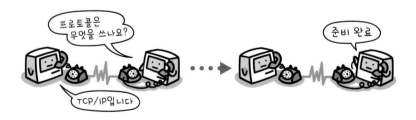

일단 통신 경로를 확정한 뒤에는 일반적인 네트워크와 마찬가지로 TCP/IP 등의 프로토콜을 사용해 통신할 수 있다.

PPP로 다이얼업 접속

LAN 케이블로 접속

6.5 PPPoE

PPP over Ethernet의 약어로, 두 노드 사이를 연결해 통신하는 데 사용하는 프로토콜인 PPP를 이더넷에서 구현하기 위한 프로토콜이다. 현재 ADSL에 의한 인터넷 접속 서비스의 대부분이 PPPoE를 채택하고 있으며, 가정용 라우터에서도 PPPoE의 클라이언트 기능이 구현된 것이 늘어나고 있다.

다이얼업 접속용으로 보급된 PPP는 단순히 두 지점을 연결하는 프로토콜일 뿐만 아니라, 접속 시 사용자명이나 비밀번호를 확인하는 등 사용자 인증 기능도 포함하고 있다. 이는 특히 인터넷 접속 서비스를 제공하는 ISP(Internet Services Provider)가 사용자를 관리하는 측면에서 유익했다.

그런데 ADSL 같은 상시 접속 환경으로 바뀌면서 개인도 이더넷을 이용해 접속하기 때문에 PPP를 이용할 수 없게 되었다. 그래서 PPP가 가진 기능을 이더넷에서도 사용할 수 있는 PPPoE가 고안되었다.

PPPoE에서는 이더넷의 PPP와 마찬가지로 인증을 실시해 두 지점 간 연결을 확정한다. 이를 통해 ISP는 일반 다이얼업 접속 서비스와 ADSL 접속 서비스를 통합해 운영할 수 있어 가입자 관리도 쉽다. 또한, 사용자도 동일한 ADSL 회선을 이용하면서 ISP를 여러 가지 바꿔가며 이용할 수 있는 등의 장점이 있다.

관련 용어

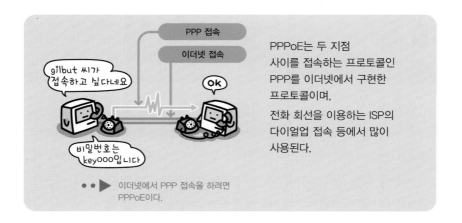

PPPoE는 두 지점 사이를 접속하는 프로토콜인 PPP를 이더넷에서 구현한 프로토콜이며,

전화 회선을 이용하는 ISP의 다이얼업 접속 등에서 많이 사용된다.

이더넷에서 PPP 접속을 하려면 PPPoE이다.

ADSL에 의한 인터넷 접속 서비스에서는 대부분 PPPoE가 이용된다.

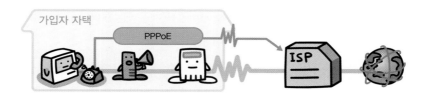

PPP에 의한 사용자 인증 방식을 그대로 이더넷상에서도 사용할 수 있다는 점이 PPPoE의 특징이다.

이를 통해 일반 다이얼업 접속과 ADSL 접속 서비스를 모두 통합해 운영할 수 있다.

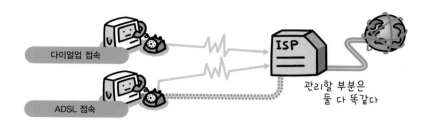

6.6 PPTP

인터넷에서 가상적인 다이얼업 접속을 통해 두 지점 간에 암호화 통신을 수행하여 전용선 접속과 같이 이용하기 위한 프로토콜이며, VPN(Virtual Private Network) 구축에 이용된다.

VPN은 암호화 기술을 통해 네트워크에 가상적인 전용선 공간을 만든다. 일반적으로 전용선을 이용한 원격지의 LAN 간 접속은 비용이 비싸지만, VPN이라면 기존의 인터넷 회선을 사용하기 때문에 저렴하게 도입할 수 있다.

PPTP(Point-to-Point Tunneling Protocol)는 VPN 구축에 사용하는 암호화 기술 중 하나로, PPP를 확장하여 TCP/IP 네트워크에 가상으로 다이얼업 접속한다. PPTP의 특징은 이름에 포함된 'Tunneling(터널링)'이란 단어에 가장 잘 나타난다.

PPTP에 의해 두 지점 간의 연결이 확정되면 PPP의 데이터 패킷을 암호화한 후 IP 패킷에 추가하여 TCP/IP 네트워크로 전송한다. 그러면 본래의 패킷이 은폐되어 통신 경로에서의 안전이 보증된다. 이는 접속이 확정된 두 지점 간을 안전한 전용 터널로 보호하는 처리라고 생각하면 된다. 이를 터널링 처리라고 한다.

관련 용어

처음에는 외부에서 사내 LAN에 접속하는 원격 접속 용도로 만들어졌지만, 라우터 중에는 VPN 기능으로 PPTP를 구현한 제품도 있고 현재는 LAN 간 접속에도 널리 이용되고 있다.

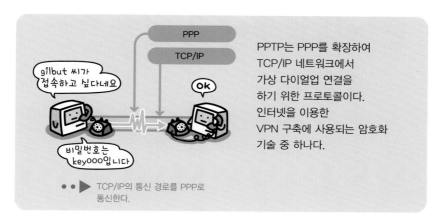

PPTP는 PPP를 확장하여
TCP/IP 네트워크에서
가상 다이얼업 연결을
하기 위한 프로토콜이다.
인터넷을 이용한
VPN 구축에 사용되는 암호화
기술 중 하나다.

● ● ▶ TCP/IP의 통신 경로를 PPP로
통신한다.

PPTP는 인터넷 같은 불특정 다수의 사용자가 접속하는 네트워크에 안전한 통신 경로를 확정하기 위해 사용한다.

접속이 확정되면, 이후에는 PPP의 데이터 패킷을 암호화한 뒤 IP 패킷에 포함하여 TCP/IP 네트워크상으로 전송된다.

접속이 확정된 두 지점 간을 전용 터널로 보호한다고 생각하면 된다.

P 지점과
P 지점 사이를
T 터널로 보호하는
P 프로토콜

6.7 방화벽

방화벽(firewall)은 인터넷 등의 외부 네트워크와 조직 내부의 로컬 네트워크 사이에 설치하는 시스템으로, 외부로부터의 침입을 막는 역할을 한다. '시스템'이라고 해도 정해진 형태가 있는 것은 아니며 그러한 '기능적 역할'을 말한다. 따라서 컴퓨터에서 실행되는 소프트웨어나 라우터 등 형태는 다양하다.

'방화벽'이란 용어는 화재 발생 시 불이 번지는 것을 막는 구조물인 '파이어월(firewall)'에서 따온 이름이다.

외부로부터의 위험을 막으려면 물리적으로 접속을 끊어 버리는 것이 가장 안전하다. 방화벽의 기본적인 개념을 살펴보면, 외부 네트워크와 내부 네트워크 사이의 경계에 구축하여 통신을 차단하는 것이 주 역할이라 할 수 있다. 그렇지만 전부 차단해 버리면 통신을 할 수 없어 곤란해지기 때문에 필요한 서비스에 대해서만 통과하도록 설정한다. 이렇게 하면 안전을 유지하면서 사용자에게 서비스를 제공할 수 있다.

일반적으로 보안을 강화하면 통과할 수 있는 서비스가 제한되고, 인터넷 서비스에 자유롭게 접속하면 안전성이 저하된다. 안전성과 편의성 사이의 절충은 네트워크의 기본 정책에 따라 어느 쪽에 중점을 둘지가 결정된다.

관련 용어

방화벽은 조직 내부의 로컬 네트워크와 인터넷 같은 외부 네트워크 사이에 설치하는 시스템이며, 외부로부터의 침입을 막는 역할을 담당한다.

기본적으로는 내부 네트워크와 외부 네트워크의 경계에 설치하여 모든 통신을 차단하는 역할을 한다.

그렇다고 전부 통과시키지 않으면 아예 통신할 수 없으므로 꼭 필요한 것만 통과시킨다.

방화벽은 기능적인 역할을 말하는 것으로, 정해진 형태는 없다.

화재 시 불이 번지는 것을 막는다

파이어월(firewall)에서 따온 이름이다

히익~

6.8 프록시 서버

'대리 서버'라는 의미로, 내부 네트워크의 컴퓨터를 대신해 외부 네트워크에 액세스하는 서버다.

일반적으로 내부 네트워크와 외부 네트워크(예를 들면, 인터넷)의 경계에 설치되어 있는 방화벽에서 실행된다. 이 구성에서는 방화벽이 외부와의 통신을 차단하고 내부 네트워크에 대한 보안을 유지한다. 그리고 내부 네트워크로부터의 인터넷 액세스는 프록시 서버(proxy server)가 각 컴퓨터로부터 요청을 받아서 대행한다. 예를 들어 WWW로 특정 웹 사이트를 열람하고 싶은 경우에는 클라이언트에서 '이 URL의 페이지를 원한다'라는 요청을 프록시 서버에 전송하고, 프록시 서버가 대행하여 다운로드한 데이터를 클라이언트에 전달한다. 이 방법으로 방화벽이 차단한 서비스를 사용할 수 있다.

프록시 서버를 사용하면 내부에서 외부로의 액세스를 집중적으로 관리할 수 있으므로 보안상 이점이 있다. 또한, 사내에서 인터넷에 액세스할 수 있는 사용자를 특정 인물로만 한정하거나 제한하고 싶은 웹 사이트를 열람 불가로 설정하는 등 유연하게 설정할 수 있다.

그 밖에도 취득한 데이터를 캐시로 활용하는 등 응용 범위가 다양하고, 이러한 장점 때문에 널리 보급되어 있다.

관련 용어

프록시 서버는
'대리 서버'를 의미하며,
내부 컴퓨터를 대신하여
외부 네트워크에
접속하는 서버다.

일반적으로 프록시 서버는 내부 네트워크와 외부 네트워크를 차단하는 방화벽에서 실행된다.

외부에서 내부로의 액세스는 방화벽이 막고 내부에서 외부로의 액세스는 프록시 서버가 대행하는 것으로 네트워크의 안전성이 유지된다.

6.9 패킷 필터링

라우터가 가지고 있는 기능 중 하나로, 모든 패킷을 무조건 통과시키는 것이 아니라 미리 지정된 규칙에 따라 통과시킬지 여부를 제어하는 기능이다. '패킷 필터링(packet filtering)'이라고 이름이 붙은 이유는 규칙에 적용되지 않는 패킷이 필터에 걸려 통과되지 못하고 남은 쓰레기처럼 파기되기 때문이다.

패킷 필터링은 방화벽 구현 방식의 가장 기본적인 기능으로, 명시적으로 허가되어 있지 않은 패킷이 모두 파기되므로 무단 액세스를 방지하는 데 도움이 된다. 최근 라우터는 대부분 이 기능을 갖추고 있기 때문에 간단한 방화벽으로 도입하기 쉬운 방식이다.

어떤 패킷을 통과시킬지에 관한 규칙은 송신처나 수신처의 IP 주소, TCP나 UDP 같은 프로토콜의 종류, 포트 번호 등을 지정함으로써 결정한다. 일반적으로 애플리케이션에 의해 제공되는 서비스는 프로토콜과 포트 번호에 의해 구별되기 때문에 이를 지정하면 '어떤 서비스를 통과시킬지'를 설정한 셈이다.

라우터 설정에서 '포트 열기' 같은 말을 자주 듣는데, 이는 패킷 필터링 규칙을 변경하여 해당 포트를 통과할 수 있도록 설정하는 것을 의미한다.

관련 용어

패킷 필터링은 라우터가 가진 기능 중 하나로, 미리 정해진 규칙에 따라 통과하는 패킷을 제어하는 기능이다. 방화벽 구축 방법 중 가장 기본적인 방법이다.

어떤 패킷을 통과시킬지에 관한 규칙은 IP 주소나 TCP 등의 프로토콜, 포트 번호에 따라 지정한다.

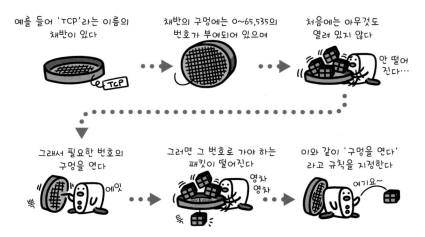

일반적으로 애플리케이션이 제공하는 서비스는 프로토콜과 포트 번호로 구별되기 때문에 이를 지정하여 '어떤 서비스를 통과시킬지'를 결정한다.

6.10 NAT

LAN에서 사용하는 사설 IP 주소와 인터넷에서 사용할 수 있는 공인 IP 주소를 상호 변환하는 기술로, 라우터 등에 구현되어 있다.

인터넷 세계에서는 공인 IP 주소를 사용하여 통신하지만, IP 주소는 32비트 숫자이므로 발행할 수 있는 수에 한계가 있다. 따라서 LAN 같은 조직의 네트워크에서는 일반적으로 각 컴퓨터에 사설 IP 주소를 할당한다. 그러나 사설 IP만으로는 인터넷과 통신할 수 없기 때문에 인터넷에 액세스할 때만 주소 변환이라는 방법을 사용해 공인 IP 주소로 변환해야 한다. 여기에 사용하는 것이 NAT(Network Address Translation)이다.

NAT에 의한 주소 변환은 패킷을 재작성함으로써 이루어진다. 통과하는 패킷은 상시 감시되고, 인터넷으로 나가는 패킷이 전송되었을 때는 그 패킷의 송신처 IP 주소를 NAT에서 관리하고 있는 공인 IP 주소로 재작성해 송신한다. 이때 변환한 원래의 사설 IP 주소는 기억해 두고, 인터넷에서 받은 패킷에 대해서는 송신처 IP 주소를 사설 IP 주소에 재작성해 LAN에 보낸다. 즉, 내부에서는 사설 IP 주소를 사용하면서도 외부와의 통신에는 자동으로 공인 IP 주소가 사용되는 것이다.

관련 용어

이러한 구조이므로, NAT에 의한 주소 변환은 항상 공인 IP 주소와 사설 IP 주소가 일대일로 대체된다. 따라서 NAT는 소유하고 있는 공인 IP 주소의 수 이상으로 동시에 인터넷과 통신할 수 없다.

NAT는 LAN에서 사용하는 사설 IP 주소와 인터넷에서 사용하는 공인 IP 주소를 일대일로 상호 변환하는 기술이다. 라우터 등에 많이 구현되어 있다.

인터넷으로 나가는 패킷이 도착하면 해당 패킷의 송신처 IP 주소를 공인 IP 주소로 재작성한다.

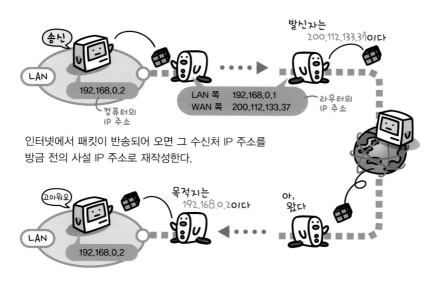

인터넷에서 패킷이 반송되어 오면 그 수신처 IP 주소를 방금 전의 사설 IP 주소로 재작성한다.

IP 주소 변환은 일대일이므로 소유하고 있는 공인 IP 주소의 수 이상으로 인터넷과 동시에 통신할 수 없다.

6.11 IP 마스커레이드(NAPT)

LAN에서 사용하는 사설 IP 주소와 인터넷에서 사용할 수 있는 공인 IP 주소를 서로 변환하는 기술이다. 하나의 공인 IP 주소를 여러 컴퓨터에서 공유할 수 있으며, 라우터 등에 많이 구현되어 있다. 사설 IP 주소와 공인 IP 주소를 일대일로 변환하는 NAT와 달리, IP 마스커레이드는 TCP나 UDP의 포트 번호까지 포함하여 변환한다. 이를 통해 일 대 다수의 변환이 가능하므로 공인 IP 주소가 하나밖에 없는 환경에서도 여러 컴퓨터가 동시에 인터넷에 접속할 수 있다.

하지만 얼핏 보면 편리한 이 기능에도 약점이 있는데, 일부 애플리케이션이 동작하지 않는 등의 제약이 생긴다. 애플리케이션에 따라서는 통신에 사용하는 포트 번호를 고정하는 경우도 있고, 이 경우 포트 번호까지 변환하는 IP 마스커레이드는 이용할 수 없기 때문이다. 또한, 컴퓨터 여러 대가 동시에 접속할 수 있다고 해도 동일한 IP 주소에서의 접속은 하나로 한정하는 애플리케이션 역시 여러 사용자가 동시에 서비스를 받을 수 없다.

원래 'IP 마스커레이드'라는 용어는 리눅스(Linux) OS에서 구현된 기능의 이름일 뿐이며, 정확하게는 NAPT(Network Address Port Translation)라고 부르는 것이 맞다. 하지만 실제로는 IP 마스커레이드라는 명칭(국내에서는 포트 포워딩 혹은 PAT(Port Address Translation))이 많이 퍼져 있어서 경우에 따라서는 'IP 마스커레이드 = 주소 변환'이라는 의미로 NAT와 똑같이 취급하기도 한다.

관련 용어

IP 마스커레이드란 LAN에서
이용하는 사설 IP 주소와
인터넷에서 이용하는 공인 IP
주소를 일 대 다수로 상호 변환
하는 기술을 말한다.
공인 IP 주소를 여러 컴퓨터에서
공유할 수 있으며 라우터 등에
많이 구현되어 있다.

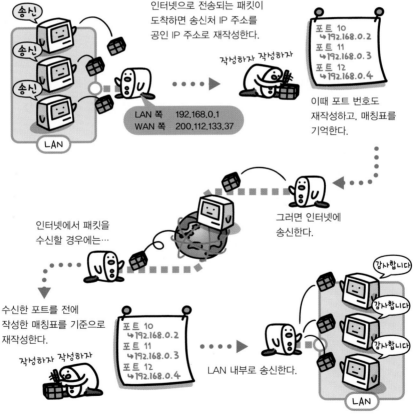

인터넷으로 전송되는 패킷이
도착하면 송신처 IP 주소를
공인 IP 주소로 재작성한다.

포트 10
↳192.168.0.2
포트 11
↳192.168.0.3
포트 12
↳192.168.0.4

이때 포트 번호도
재작성하고, 매칭표를
기억한다.

LAN 쪽   192.168.0.1
WAN 쪽   200.112.133.37

그러면 인터넷에
송신한다.

인터넷에서 패킷을
수신할 경우에는…

수신한 포트를 전에
작성한 매칭표를 기준으로
재작성한다.

포트 10
↳192.168.0.2
포트 11
↳192.168.0.3
포트 12
↳192.168.0.4

LAN 내부로 송신한다.

7^장

인터넷 기초

7.1 인터넷

인터넷이란 TCP/IP라는 패킷 통신 유형의 네트워크 프로토콜을 이용해 전 세계 규모의 네트워크를 서로 연결한 거대한 컴퓨터 네트워크를 말한다. 미국 국방부의 ARPA(고등연구계획국)에 의한 분산형 네트워크 연구 프로젝트인 아르파넷(ARPAnet)이 인터넷의 기원으로 알려져 있으며, 아르파넷은 핵 공격의 위험으로부터 정보 네트워크를 지키기 위한 연구였다.

초기 인터넷은 학술 연구를 목적으로 발전했기 때문에 당시에는 전자 메일이나 유즈넷 서비스가 중심이었다. 그 후 문자나 화상 등을 섞어 정보를 표시할 수 있는 WWW(World Wide Web)가 등장하면서 이를 계기로 폭발적으로 보급되었으며, 현재는 WWW가 인터넷의 중심 서비스가 되었다.

학술 연구를 목적으로 진화해 온 인터넷이지만, 규모가 커지면서 인터넷을 사용하고 싶어 하는 일반 사용자의 요구도 증가했다. 결국 이를 받아들여 인터넷에 접속 서비스를 제공하는 ISP(Internet Services Provider) 사업자가 등장하였고, 이후 일반 사용자 수는 나날이 늘어났다.

현재는 방대한 사용자를 거느린 규모로 커졌고 인터넷의 상용 서비스도 다채로워졌으며, 세계를 연결하는 광역 네트워크의 표준 인프라로 사용되고 있다.

관련 용어

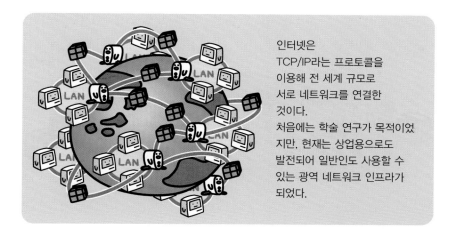

인터넷은 TCP/IP라는 프로토콜을 이용해 전 세계 규모로 서로 네트워크를 연결한 것이다. 처음에는 학술 연구가 목적이었지만, 현재는 상업용으로도 발전되어 일반인도 사용할 수 있는 광역 네트워크 인프라가 되었다.

현재 WWW나 전자 메일 같은 서비스가 주로 사용되고 있다.

ISP라는 접속 사업자가 개인이 인터넷에 접속할 수 있도록 연결해 준다.

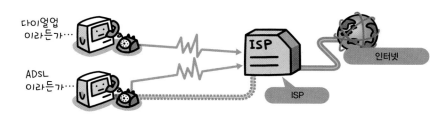

인터넷에서는 각 네트워크를 서로 연결하는 라우터가 물통 릴레이처럼 패킷을
중계하여 데이터를 주고받는다.

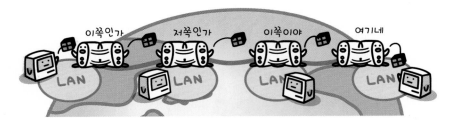

7.2 ISP

ISP(Internet Services Provider)는 인터넷 접속을 제공하는 서비스 사업자다. 전화 회선이나 전용 회선을 사용해 고객인 일반 사용자의 요청을 받아 인터넷에 연결한다. 단순히 인터넷 사업자로 불리는 경우가 많으며, 현재는 아날로그 모뎀을 사용한 다이얼업 서비스에서 ADSL이나 광케이블 연결 등의 광대역 서비스로 옮겨가고 있어 항상 인터넷에 연결된 환경이 당연해지고 있다.

ISP의 업무로 단순히 인터넷 접속 제공 서비스만 있는 것은 아니다. 이메일 주소 발급, 홈페이지 공간 대여 같은 서비스는 대부분의 사업자에게 표준 부가 서비스로 자리매김하고 있다. 따라서 이런 서비스를 제공받기로 계약한 사용자는 인터넷 열람뿐만 아니라 스스로 정보 발신도 할 수 있다.

그런 의미에서 ISP는 인터넷 종합 서비스를 제공하는 곳이라고 할 수 있다.

관련 용어

ISP는 인터넷 연결을 제공하는 서비스 사업자이며 일반적으로 공급자라고도 한다. 서비스 내용에는 대부분 전용 메일 주소 발행이나 홈페이지 공간 임대가 포함되어 있다.

ISP를 이용한 인터넷 접속은 인터넷에 연결되어 있는 LAN에 참가하려고 요청하는 것이다.

아날로그 모뎀을 사용한 다이얼업 접속은 예전 방식이며, 요즘은 ADSL, 광케이블과 같은 상시 접속 방식이 주류를 이루고 있다

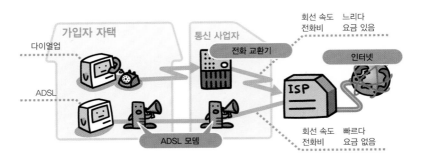

7.3 KRNIC

KRNIC은 Korea Network Information Center의 약어로, '한국 인터넷 정보 센터'를 의미하며 한국의 IP 주소 할당 업무를 담당하고 있다.

인터넷에서 사용하는 공인 IP 주소는 전 세계에서 하나만 존재하는 값이어야 한다. 그러므로 각국에는 전문 기관이 설치되어 있고, 그 관리하에 IP 할당이 이루어진다. 한국에서 이 역할을 담당하고 있는 것이 KRNIC이다.

KRNIC은 1999년 6월에 설립되었으며, 2009년 세 개 ICT 기관이 통합된 한국인터넷진흥원(KISA)이 탄생함에 따라 KRNIC은 한국인터넷진흥원에서 인터넷 주소 자원을 관리하게 되었다. KRNIC은 2004년 제정된 인터넷 주소 지원에 관한 법률에 따라 인터넷 주소 자원에 관한 정책 연구 및 제도 개선, 기술 개발 및 표준화, 인터넷의 효율적 운영과 이용 활성화를 위한 지원, 국제 인터넷 주소 관련 기구와의 협력 등과 같은 업무를 수행하고 있다.[1]

관련 용어

---

1 역주 출처: https://한국인터넷정보센터.한국/jsp/introduce/greeting.jsp

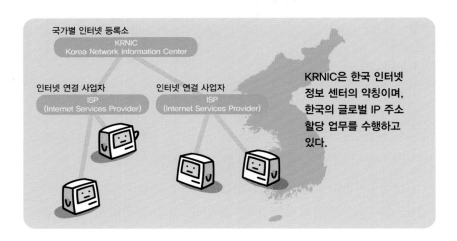

공인 IP 주소는 전 세계에 하나만 있는 값이어야 하므로 값이 중복되지 않도록
관리해야 한다.

따라서 각국에는 전문 기관이 설치되어 있으며, 그 관리하에 공인 IP 주소를 할
당한다. 한국에서 그 업무를 하고 있는 것이 KRNIC이다.

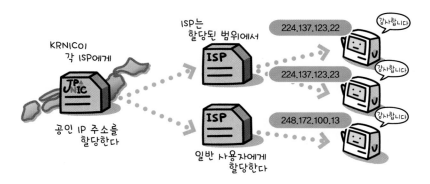

7.4 WWW

인터넷에서 표준으로 이용되고 있는 문서 시스템으로, 가장 많이 사용하는 서비스이기도 하다. World Wide Web을 줄여서 WWW 혹은 그냥 Web이라고 부른다.

WWW의 문서는 HTML(Hyper Text Markup Language)이라는 언어로 작성되어 있고, 이 문서가 공개되어 있는 곳이 인터넷상에 존재하는 WWW 서버다. 각 컴퓨터는 WWW 클라이언트로, 이 서버에 접속해서 웹(web) 브라우저라고 부르는 응용프로그램(애플의 사파리(Safari), 구글의 크롬(Chrome) 등이 유명하다)을 사용해 내용을 열람한다.

HTML에 의해 작성된 문서는 하이퍼텍스트 구조로 되어 있어 문서 간의 링크를 설정하거나 문서 내에 화상이나 음성, 동영상 등 다양한 콘텐츠를 표현할 수 있다. 또한, 이 링크 기능을 통해 WWW 문서를 서로 연결할 수 있다. 링크를 타고 다음에서 다음으로 꼬리를 물고 이어가는 것으로, 한 페이지를 기점으로 전 세계의 문서를 어떤 것이든 열람할 수 있다.

World Wide Web이라는 이름도 '문서의 링크로 둘러싸인 구조'를 거미줄(web)에 비유한 것에서 유래되었다.

관련 용어

WWW는 인터넷에서 표준으로 사용되는 문서 시스템이다. 하나의 문서 내에 이미지나 음성 등 다양한 콘텐츠를 포함할 수 있고, 문서 간에 링크를 설정함으로써 문서끼리 서로 연결할 수 있는 것이 특징이다.

인터넷의 WWW 서버에 웹 브라우저라는 응용프로그램으로 액세스하여 WWW 문서를 열람할 수 있다.

이 문서 시스템은 문서 내에 설정된 링크를 통해 관련 문서를 순차적으로 추적할 수 있다는 특징이 있다.

WWW(World Wide Web)라는 이름은 이렇게 '링크에 의해 연결된 구조'를 거미줄에 비유한 것에서 따왔다.

7.5 웹 사이트

'사이트(site)'는 토지나 부지를 의미하는 영어 단어다. 이 단어를 네트워크에서 데이터나 파일 등을 모아 둔 장소(컴퓨터나 그 내부에 있는 디스크 등)를 가리킬 때 사용한 것이다.

즉, 웹 사이트(web site)라는 말은 'WWW(World Wide Web)상에서 데이터나 파일이 한 곳에 모여 있는 장소'를 나타낸다.

여기서 '한 곳에 모여 있다'는 것은 어떤 의미일까? 예를 들어 길벗출판사라는 회사가 WWW상에 회사 개요나 출판 목록 등을 게시하고 있다고 할 때, 그 정보는 대부분 여러 페이지로 나누어져 있지만 이를 모두 합쳐서 '길벗출판사의 웹 사이트'라는 하나의 단위로 본다는 뜻이다. 일반적으로 '홈페이지'라는 말이 널리 사용되고 있지만 이 말은 잘못 사용된 용어가 굳어진 것으로, '웹 사이트'가 원래 의미를 나타내는 올바른 용어다.

따라서 '길벗출판사의 웹 사이트'라고 하면 특정 페이지를 나타내지 않고 그 페이지 모음을 의미한다. 그리고 개별 페이지는 웹 페이지라고 한다.

웹 사이트에는 일반적으로 사이트 전체의 얼굴이 되는 Top 페이지(메인 페이지, 목차 페이지 모두)가 있다. 보통 'ㅇㅇ의 웹 사이트'라고 기재되는 주소는 이 Top 페이지를 말한다.

덧붙여, 앞에서 예로 든 '길벗출판사'와 같이 특정 기업이나 단체, 저명 인사 등이 자신을 소개할 목적으로 구축한 웹 사이트는 '공식(오피셜) 사이트'라고 부른다.

웹 사이트란 WWW상에서 데이터나 파일이 한 곳에 모여 있는 장소를 말한다.
예를 들어 '길벗출판사 웹 사이트'라고 하면, 길벗출판사가 WWW상에 한 덩어리로 공개한 여러 페이지의 집합체를 가리킨다.

인터넷의 WWW(World Wide Web)에

일련의 문서를 공개한 장소를 나타내는 용어가 웹 사이트다.

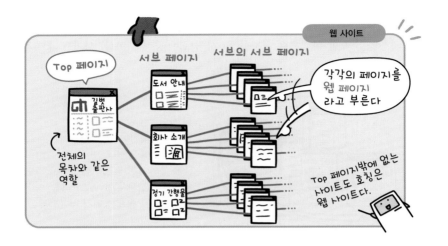

웹 사이트 주소를 기재할 때는 보통 Top 페이지를 적는다.

7.6 웹 브라우저

웹 브라우저(web browser)는 웹 사이트를 열람하기 위해 사용하는 응용프로그램 소프트웨어를 말하며, 줄여서 '브라우저'라고도 한다.

이 소프트웨어의 역할은 주로 인터넷에서 HTML 파일을 내려받아 거기에 쓰인 구문을 바탕으로 텍스트를 변형하여 표시하는 것이다. HTML 파일 내에 이미지가 있는 경우에는 그 이미지를 가져와 텍스트와 함께 표시하는 그래픽적인 기능도 가지고 있다. 그래픽을 표현하는 세계 최초의 웹 브라우저는 NCSA(미국 국립 슈퍼컴퓨터 연구소)가 1993년에 발표한 웹 브라우저인 모자이크(Mosaic)다. 그 후 모자이크 개발 팀은 넷스케이프 커뮤니케이션즈(Netscape Communications)사를 통해 넷스케이프 내비게이터(Netscape Navigator)라는 웹 브라우저를 발표하여 인터넷의 폭발적인 보급에 기여했다.

인터넷의 폭발적인 확산에 따라 GUI 인프라로도 역할하기 시작한 웹 브라우저에 대해 위기감을 느꼈는지, 1995년에는 마이크로소프트사도 모자이크의 라이선스를 받아 인터넷 익스플로러(Internet Explorer)라는 웹 브라우저의 개발에 착수했고, 치열한 경쟁 끝에 인터넷 익스플로러가 압도적인 점유율을 앞세워 그대로 시장을 차지했다. 하지만 스마트폰이 등장하면서 현재는 애플의 사파리나 구글의 크롬이 주류가 되었다.

예전에는 웹 브라우저 기능이 OS 기능으로 포함되기도 했지만, 지금은 별도로 분리되었다.

관련 용어

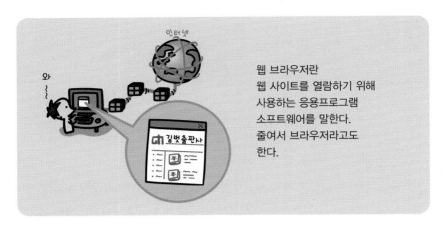

웹 브라우저란
웹 사이트를 열람하기 위해
사용하는 응용프로그램
소프트웨어를 말한다.
줄여서 브라우저라고도
한다.

웹 브라우저는 인터넷상의
WWW 서버에게 열람하고 싶은
파일을 '달라'고 요청한다.

그리고 WWW 서버에서 HTML 파일을
받으면…

웹 브라우저   WWW 서버

그 파일을 적당한 형태로 변형해서…

'자아~ 열람해도 됩니다'라고 하면서
쉽게 읽을 수 있는 형태로 변경하는 일을 한다.

7.7 홈페이지

웹 사이트와 같은 의미로 사용되는 경우가 많다. 즉, WWW(World Wide Web) 상에서 데이터나 파일이 한 곳에 모여 있는 장소를 나타내는 용어로 사용되며 HP, 홈피 등과 같은 약칭이 있다.

하지만 이는 잘못 사용하는 것이다. 본래 홈페이지(homepage)는 웹 브라우저를 실행했을 때 제일 먼저 표시되는 시작 화면(웹 사이트)을 나타내는 말이다. 대부분의 웹 브라우저는 '홈' 버튼을 가지고 있으며, 그 버튼을 클릭하면 시작 화면으로 돌아가는 동작이 수행된다. 즉, '홈 화면(시작 화면)으로 표시되는 페이지'를 가리키는 말이 홈페이지였던 것이다.

인터넷 초창기에 많은 웹 사이트가 시작 페이지로 돌아오는 버튼을 홈 버튼으로 하는 바람에 '웹 사이트의 시작 페이지 = 홈페이지'라고 의미가 바뀌었고, 게다가 HTML을 공부하기 위한 초보자용 책에서 다루던 홈페이지 작성 예제들이 'ㅇㅇ의 홈페이지에 오신 것을 환영합니다!'와 같은 제목을 많이 사용했기 때문에 널리 퍼져 나갔다. 우후죽순처럼 여기저기 양산된 웹 페이지가 모두 '홈페이지'라는 말을 사용했으며, 잡지나 미디어에서도 이 말을 그대로 잘못 사용하면서 일반인들 사이에서는 '웹 사이트'라는 말보다 '홈페이지'라는 말이 더 친숙한 용어로 정착되었다.

이 책은 '초보자에게 의미가 통하기 쉬운 말을 최대한 선택한다'는 취지에 따라 '홈페이지'라는 용어를 오용된 의미 그대로 소개했다.

관련 용어

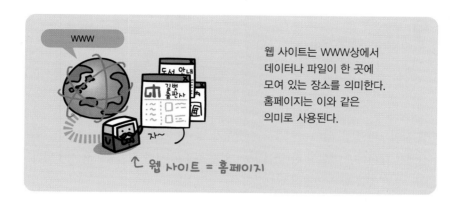

웹 사이트는 WWW상에서
데이터나 파일이 한 곳에
모여 있는 장소를 의미한다.
홈페이지는 이와 같은
의미로 사용된다.

↑ 웹 사이트 = 홈페이지

'홈페이지'라는 용어의 본래 의미는 웹 브라우저를 실행할 때 나타나는 시작 화면(또는 시작 화면으로 표시되는 웹 사이트)이다.

이렇게 본래의 의미와 다르게 '나의 페이지/나의 웹 사이트'와 같은 의미로 잘못 사용된 것이 그대로 정착되었다.

잘못된 의미로 사용되었기에 해외에서는 의미가 제대로 전달되지 않는다.

7.8 URL

인터넷상에서 파일의 위치를 지정하기 위한 기술 형식이나 그에 의해 작성된 주소 그 자체를 나타낸다. WWW의 홈페이지 주소를 지정하기 위해 가장 많이 사용되기 때문에 점포의 전단지나 명함 등에 주소와 함께 기재되어 있는 경우도 드물지 않다.

URL(Uniform Resource Locator)에 의해 작성된 주소는 'https://www.example.com/home/index.html'과 같은 형식을 취한다. 주소의 앞쪽 문자는 그 파일에 접근하는 방법을 나타낸다. WWW의 경우는 https(또는 http)라는 프로토콜에 의해 페이지 정보를 취득하기 때문에 그 방식을 나타내는 'https'라는 문자가 앞쪽에 위치한다. 그 뒤에 나오는 'www.example.com'은 도메인 이름으로, example.com 도메인에 속한 www라는 컴퓨터를 가리킨다.

도메인 이름에 의해 IP 주소가 확정되므로, 이것에 의해 인터넷상의 특정 컴퓨터에 https(또는 http)라는 프로토콜로 접근하라고 지정한다. 그 뒤의 '/home/index.html'은 파일명이다. 해당 컴퓨터가 공개하고 있는 home 폴더 아래의 index.html이라는 파일을 참조하고 싶다고 지정하는 것이다.

웹 브라우저에 이 URL을 주소로 입력하여 원하는 페이지를 표시한다.

관련 용어

URL은 인터넷상에서 파일의 위치를 지정하기 위한 기술 형식이나 그에 의해 작성된 주소 그 자체를 나타낸다. WWW의 홈페이지 주소를 지정하기 위해 가장 많이 사용된다.

https://www.example.com/home/index.html 있어요?

URL에 의해 작성된 주소는 다음과 같은 형식으로 되어 있다.

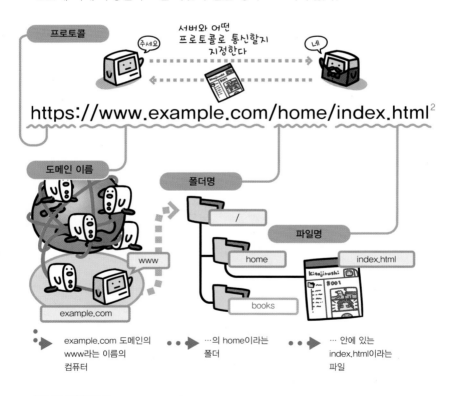

---

2 역주 https://www.example.com/home/index.html은 설명을 위해 소개한 것으로, 실재하지 않는 페이지다.

7.9 전자 메일

쉽게 말하면, 편지의 컴퓨터 네트워크 버전이다. 사람마다 전자 메일(이메일(e-mail)) 주소를 가지고 있고, 이 주소를 목적지로 해서 컴퓨터로 쓴 메시지를 전자 데이터로 보낼 수 있다. 전자 메일을 운용하기 위한 시스템은 여러 가지가 있지만, 인터넷이 보급되면서 일반적으로 전자 메일이라고 하면 인터넷 메일을 가리킨다.

전자 메일을 사용하려면 전용 응용프로그램을 사용해야 한다. 이러한 응용프로그램을 메일러라고 한다. 메일러에 의해 작성된 전자 메일은 상대의 전자 메일 주소를 수신처로 지정해 송신을 실시한다. 송신된 전자 메일은 일단 상대의 메일 서버에 보관되며, 상대방이 메일 서버에서 전자 메일의 수신 확인을 실시할 때 전달된다. 전자 메일이 상대방에게 전달되는 시간은 중계하는 네트워크 속도에 좌우되지만, 기본적으로 데이터 송수신과 다르지 않다. 진짜 편지처럼 2~3일씩 걸리지는 않으며, 대부분 즉시 상대에게 전달된다.

전자 메일에는 본문에 작성한 문자 데이터뿐만 아니라 다양한 파일도 첨부하여 보낼 수 있다. 웬만한 파일은 무엇이든 보낼 수 있으므로, 현재는 업무에 전자 메일을 이용하여 주문에서 납품까지 모든 업무를 네트워크에서 완료하는 경우도 많다. 다만 첨부 파일을 악용한 형태의 컴퓨터 바이러스도 여럿 존재하기 때문에 수상한 첨부 파일이 전송되어 왔다면 주의가 필요하다.

관련 용어

전자 메일이란 간단히 말해 '편지를 컴퓨터 네트워크상에서 교환할 수 있도록 한 것'이다. 문서 외에도 다양한 파일을 첨부하여 보낼 수 있다.

전자 메일을 주고받으려면 다음과 같은 형식의 전자 메일 주소를 사용한다. 이 주소는 사용자의 우편함이 인터넷의 어느 곳에 있는지를 나타낸다.

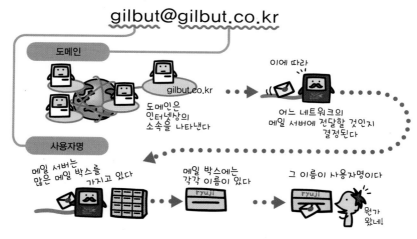

전자 메일은 인터넷에서 다음과 같은 순서로 전송된다.

7.10 유즈넷

인터넷의 전자 회의실 시스템이다. 이름만 보면 '뉴스를 알려 준다'고 생각할 수 있지만 실제로는 사용자에 의한 정보 교환용 시스템으로, 뉴스 그룹이라는 단위로 주제마다 나누어진 회의실에서 다양한 정보를 주고받는 시스템이다.

유즈넷(Usenet)을 이용하려면 전용 응용프로그램이 필요하며, 이 응용프로그램을 뉴스 리더라고 한다. 기본 조작 자체가 전자 메일을 이용하는 것과 유사한 점이 많으므로 뉴스 리더를 메일러와 통합한 형태도 많이 볼 수 있다.

유즈넷에 게시된 내용은 각지에 있는 뉴스 서버에서 참조할 수 있게 되어 있다. 뉴스 서버는 게시를 받으면 그 내용을 인접한 뉴스 서버에도 전달한다. 이와 같이 물통 릴레이를 반복하는 형태로 게시 내용이 전 세계 서버에 전달되는 구조다.

인터넷의 기본 서비스로, ISP(Internet Services Provider)의 대부분은 유즈넷를 이용하기 위한 뉴스 서버를 공개하고 있다. 그러나 현재는 웹에 공개되어 있는 게시판 페이지 등을 이용하는 경우가 많아 일반 사용자에게는 그리 알려져 있지 않다.

사용자가 감소함에 따라 ISP에 의한 뉴스 서버 서비스도 제공이 종료되는 경우가 잇따르고 있어, 현재는 거의 소멸되어 가는 중이다.

관련 용어

인터넷	202	전자 메일	221
ISP	205	NNTP	246

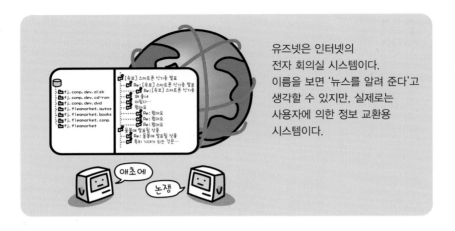

유즈넷은 인터넷의
전자 회의실 시스템이다.
이름을 보면 '뉴스를 알려 준다'고
생각할 수 있지만, 실제로는
사용자에 의한 정보 교환용
시스템이다.

유즈넷은 주제별로 뉴스 그룹이라는 단위의 회의실로 나누어져 있다.

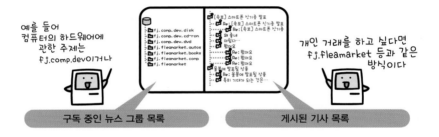

예를 들어
컴퓨터의 하드웨어에
관한 주제는
fj.comp.dev이거나

개인 거래를 하고 싶다면
fj.fleamarket 등과 같은
방식이다

구독 중인 뉴스 그룹 목록

게시된 기사 목록

인터넷상의 시스템이므로 세계적인 규모를 가지고 있다.

인접한 뉴스 서버끼리 게시 내용을 전달하는 방식이라 세계 각지의 어느 뉴스
서버에서도 열람할 수 있다.

뉴스 서버는
새로운 게시 내용이 있을 경우…

인접한 뉴스 서버에도
게시 내용을 보낸다

따라서 어느 서버에서도
같은 내용을 열람할 수 있다

7.11 포털 사이트

인터넷의 입구 역할을 담당하는 웹 사이트를 가리키는 말로, 간단히 포털 혹은 웹 포털이라고도 한다.

포털(portal)이란 '정문이나 입구'를 의미하는 말이므로 '그런 의미를 가진 웹 사이트'라는 뜻에서 포털 사이트라는 말이 등장했다. 구체적으로는 웹 브라우저를 실행했을 때 많은 사람이 처음 접속하는 웹 사이트를 말하며, 이를 '포털 사이트'라고 부른다.

대표적으로 네이버(Naver)[3]나 구글(Google)[4] 같은 각종 뉴스 사이트나 검색 사이트, 마이크로소프트 같은 웹 브라우저 개발사가 제공하는 웹 사이트 등이 있으며, 이들은 '사용자가 인터넷을 사용할 때 필요한 기능'을 전면에 내세우며 사용자를 확보하기 위해 노력하고 있다. 대부분 무료로 제공되는 서비스이며, 포털 사이트 자체의 운영비는 광고 등으로 충당한다.

포털 사이트라고 인지되기 시작하면 많은 이용자가 모인다. 따라서 광고 매체로서의 가치도 높아지고, 새로운 서비스의 발신지로서도 큰 힘을 가지게 된다.

이러한 이유로 이 분야에서는 다양한 사업자가 자신의 강점을 살리면서 치열한 경쟁을 펼치고 있다.

관련 용어

---

3 http://www.naver.com

4 https://www.google.com

웹 브라우저를 실행할 때
많은 사람이 처음 접속하는
웹 사이트를 포털 사이트라고
한다.

포털 사이트는 정문이나 입구라는 의미다.

사용자에게는 처음 접속하는 웹 사이트가
'인터넷의 입구'와 마찬가지다.

따라서 이러한 웹 사이트를
'포털 사이트'라고 부른다.

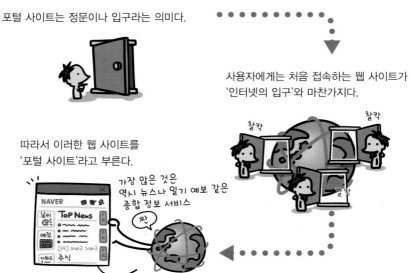

가장 많은 것은
역시 뉴스나 일기 예보 같은
종합 정보 서비스

일반적으로 포털 사이트는 이용자가 많기 때문에 광고 매체로서 가치가 높다.

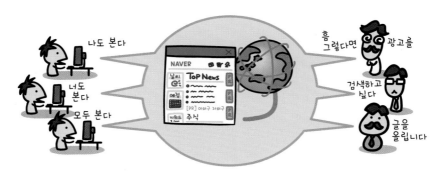

7.12 검색 사이트

인터넷에 공개된 정보를 키워드 등을 사용하여 검색할 수 있는 웹 사이트를 말하며, 서치 엔진, 검색 엔진이라고 부르기도 한다.

검색 사이트는 크게 두 종류로 분류할 수 있다. 하나는 '디렉터리형'으로, 미리 웹 사이트를 분류하여 등록해 두고 그중에서 검색·추출을 실시한다. 다른 하나는 '전문 검색형'[5]으로, 공개되어 있는 웹 사이트의 내용을 미리 기계적으로 수집해 두고 그 안에서 키워드를 검색한다.

디렉터리형은 키워드와 관계없이 대분류에서 소분류로 자신의 흥미에 따른 카테고리를 선택하면서 원하는 웹 사이트 정보를 얻을 수 있다. 그러나 '미리 분류'하려면 사람의 손으로 웹 사이트를 등록하는 작업이 필요하기 때문에 제공할 수 있는 정보량에는 한계가 있다. 전문 검색형은 '로봇'이라고 불리는 자동 순회형 프로그램을 사용하여 웹 사이트의 내용을 수집한다. 따라서 많은 정보에서 키워드를 검색할 수 있지만, 반대로 너무 많은 정보가 검색되어 검색 결과로부터 필요한 정보만 찾는 데 시간이 걸린다(구글이 등장하기 전까지).

한국에서 많이 사용하는 검색 사이트로는 네이버(Naver)나 구글(Google)이 대표적이다. 한때는 디렉터리형 검색 사이트인 야후!(Yahoo!)도 많이 사용되었지만, 검색 결과에 가중치를 부여함으로써 전체 텍스트 검색형의 약점을 보완한 구글이 등장한 이후 검색 사이트의 주류는 전문 검색형으로 옮겨갔다.

관련 용어

인터넷	202	웹 브라우저	215
WWW	209	포털 사이트	225

---

5 **역주** FulltextSearch를 전문 검색이라고 합니다.

인터넷에 흩어져 있는
정보를 키워드 등으로
검색할 수 있는 웹 사이트를
검색 사이트라고 한다.

검색 사이트는 크게 두 종류로 나눌 수 있다.

전문 검색형

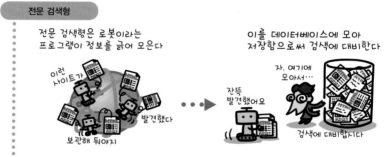

전문 검색형은 로봇이라는
프로그램이 정보를 긁어 모은다

이를 데이터베이스에 모아
저장함으로써 검색에 대비한다

자동 순회형 프로그램이 긁어 모은 방대한 정보에서 키워드 검색을 할 수 있다.
검색 결과에서 필요한 정보만 찾으려면 노력이 필요하지만 구글이 등장한 이후에는
평가가 바뀌어서 단번에 주류가 되었다.

디렉터리형

디렉터리형은 사람 손으로
웹 사이트를 발견하고 수집하여…

장르별로 카테고리화하여
검색에 대비한다

분류된 정보에서 원하는 웹 사이트를 찾을 수 있다.
그러나 사람의 손으로 등록해야 하므로 제공할 수 있는 정보량에는 한계가 있다.

7.13 블로그

일기를 쓰는 것과 비슷한 웹 사이트를 총칭하는 용어로, 웹로그(Weblog)라고도 한다.

원래는 'Web'과 'log(로그: 기록된 데이터)'를 합성한 'Weblog'라는 용어가 생겼고, 이를 줄인 'Blog'라는 말이 정착해 지금에 이르렀다. 여기서 말하는 'log(로그)'가 일기로서 축적되는 데이터 그 자체를 나타낸다. 즉, '웹에 게시되는 일기가 날마다 축적되어 가는 것'이라는 의미다.

'블로그란 블로그 작성 도구에 의해 자동 갱신되는 구조를 갖춘 웹 사이트'라고 설명하는 관점도 있다.

대표적인 경우가 무버블 타입(Movable Type)이나 워드프레스(WordPress)라는 도구를 사용한 것이다. 이러한 도구로 구축된 블로그는 각 게시물의 관리 시스템이 있는 것은 물론이고, 게시물마다 독자가 댓글을 달거나 관련된 화제를 다루는 다른 블로그에게 거꾸로 링크를 남길(트랙백) 수 있는 등 다양한 기능을 가지고 있다. 이러한 기능에 의해 블로그끼리 밀접하게 얽혀 독특한 커뮤니티를 형성하기도 하는데, 그것이 '블로그'의 개념이다.

이러한 배경 때문에 현재는 일기라는 내용적인 면과 댓글이나 트랙백 등의 기능적인 면을 모두 의미하는 말로 사용된다. 따라서 '블로그'라는 용어는 상당히 넓은 의미로 사용되고 있다.

관련 용어

블로그란 일기와 같은 웹 사이트의 총칭이다. 다른 말로 웹로그(Weblog)라고도 부르는데, 이는 Web과 log를 붙여 만든 합성어.
블로그 작성 툴에 의해 운용되는 웹 사이트를 가리킨다고 보는 관점도 있다.

ISP(Internet Services Provider) 등이 제공하는 '블로그 개설 서비스'는 대부분 블로그 작성 툴을 사용한다.

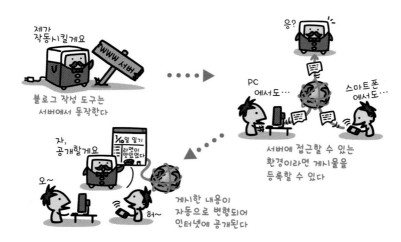

게시물에 대한 의견이나 트랙백을 받는 기능이 있다는 점도 장점이다.

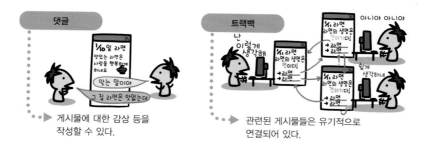

7.14 SNS

사용자 사이를 연결하는 데 주안점을 둔 커뮤니티 서비스를 총칭하여 소셜 네트워킹 서비스(Social Networking Service, SNS)라고 한다. 여기서 '소셜(social)'이란 '사회적', '사교적'이라는 의미를 가지며, 참가자가 서로 어떠한 관계성을 가지는 것으로 네트워크를 확대해 나간다는 특징이 있다.

인터넷 세계에서는 익명성이 중요시되지만, 초기 SNS에서는 비익명성이 중요시되었다. 현실 사회의 관계를 그대로 서비스 내에 반영하여 '친구의 친구는 모두 친구'라는 식으로 교류를 넓히는 데 도움이 되었다. 이 시기에는 SNS에 참여하려면 기존 회원에게서 초대를 받아야 하는 경우가 많았는데, 회원제 서비스라는 취지로 초대가 인증의 역할을 수행했다.

SNS는 간단한 블로그 기능을 내포하는 것이 일반적이다. 사용자는 프로필 또는 사진을 공개하거나 간단한 일기를 발신함으로써 서로의 커뮤니케이션을 촉진하고 댓글을 남기는 등 연결을 늘려간다. 현재는 사용자에게 직접 목소리를 전달할 수 있는 정보 발신 도구로서의 가치를 인정받아 각 기업이나 각국 정부기관 등 다양한 곳에서 SNS를 활용하고 있다.

대표적인 SNS로는 페이스북[6], 트위터[7], 인스타그램[8] 등을 들 수 있다.

관련 용어

---

[6] https://www.facebook.com

[7] https://twitter.com

[8] https://www.instagram.com

SNS는 커뮤니티 서비스의 일종이다. 사교적인 네트워크라는 의미를 가지며 사용자끼리 연결하는 데 중점을 두고 있는 것이 특징이다.

SNS 세계에서 사용자는 각각 계정을 등록하고, 사진을 공유하고, 짧은 글을 게시하고, 눈에 띄는 게시물에 의견을 보내는 등 서로 커뮤니케이션을 한다.

사용자는 친구가 되거나 상대를 팔로우(발신 내용의 수신 등록을 하는 것)하는 등 서로 연결되게 된다.

서로 연결되면서 인물 관계도 같은 것이 만들어진다. 연결이 연결을 유도하고 자동으로 네트워크가 확산된다는 점이 SNS의 큰 특징이다.

memo

8^장

인터넷 기술

8.1 HTTP

WWW 서비스에서 WWW 서버와 WWW 클라이언트 간의 통신을 수행하는 데 사용하는 네트워크 프로토콜이다. 일반적으로 통신 포트는 80번을 사용한다. 일반 사용자는 대부분 웹 브라우저를 WWW 클라이언트로 사용하므로, 웹 브라우저가 WWW 서버에서 정보를 취득하기 위해 사용하는 프로토콜이라고 할 수 있다.

HTTP(Hyper Text Transfer Protocol)는 매우 간단한 프로토콜로, WWW 클라이언트가 발행하는 요청에 대해 WWW 서버가 응답하는 방식으로 작동한다. WWW 클라이언트는 HTML 파일 등 '취득하고 싶은 파일의 URL'을 비롯한 요청 정보를 전송하고, WWW 서버는 해당 정보를 받아 데이터를 반환한다. 반환할 때는 MIME의 정의에 근거한 데이터 속성이나 서버 종류 같은 헤더 정보와 요청받은 데이터가 반환되는데, 이때 데이터에는 특별한 처리를 하지 않는다. 데이터를 어떻게 처리할지는 전부 WWW 클라이언트 측에 맡겨진다. 이와 같이 단순한 구조이므로 반대로 자유도가 높으며, 정적 이미지나 동영상, 음성 등 다양한 정보를 취급할 수 있다.

관련 용어

HTTP에 의한 파일 전송은, 요청에 대한 응답을 처리한 후 연결이 끊어지므로 일련의 작업을 여러 페이지에 걸쳐 처리해야 할 경우 페이지 간에 정보를 유지할 수 없다는 단점이 있었다. 그래서 HTTP 1.1에서는 요청에 대한 응답을 한 번의 처리로 완결하지 않고, 연결을 끊지 않은 채로 여러 요청을 계속 수행할 수 있도록 기능이 확장되었다. 게다가 2012년경부터 표준화가 진행된 HTTP/2는 하나의 연결 내에 동시에 여러 개를 요청할 수 있도록 하는 등 효율성을 높이고 있다.

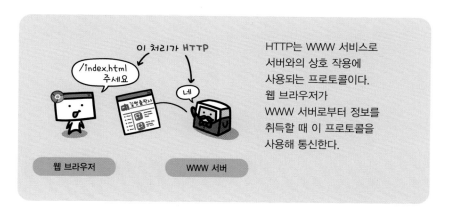

HTTP는 WWW 서비스로 서버와의 상호 작용에 사용되는 프로토콜이다. 웹 브라우저가 WWW 서버로부터 정보를 취득할 때 이 프로토콜을 사용해 통신한다.

HTTP는 단순한 프로토콜로, '달라'고 요청된 데이터에 데이터의 속성(정적 이미지, 텍스트 등) 등을 헤더로 붙여 돌려보낼 뿐이다.

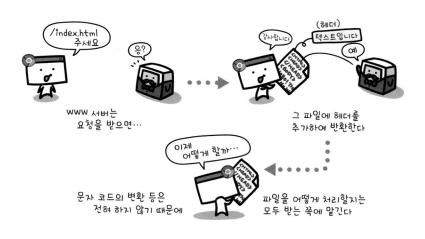

단순하기 때문에 자유도가 높으며 정적 이미지나 동영상, 음성 등 다양한 파일을 전송할 수 있다.

8.2 SMTP

인터넷 메일 송신에 이용되는 네트워크 프로토콜로, 보통은 통신 포트 25번을 사용한다. SMTP(Simple Mail Transfer Protocol)를 지원하는 서버를 SMTP 서버 혹은 송신용 서버라고 한다.

인터넷에서 발생하는 전자 메일의 송수신은 각각 다른 프로토콜에 의해 이루어진다. 그중 전자 메일 전송에 사용하는 프로토콜이 SMTP이다. 전자 메일 소프트웨어에서 메일 서버로 보내거나 메일 서버 간에 전자 메일을 주고받을 때 사용한다.

전자 메일을 보내면 보낸 사람의 SMTP 서버로 데이터가 발송되고, 거기서는 다시 SMTP 서버에서 대상 메일 서버로 전송되어 받는 사람(받는 사람으로 지정된 전자 메일 주소)의 메일 박스에 저장된다. 이 메일 박스는 메일 서버 내에 있는 개인 폴더로, 인터넷에 설치된 사서함 같은 역할을 한다. 즉, 송신된 메일은 상대방의 메일 박스에 보존되며 실제로 사용자가 받을 때까지 보관된다.

SMTP의 역할은 전달하는 것까지며, 실제로 메일 박스에서 수신 메일을 꺼내는 것은 POP 등 수신용 프로토콜의 역할이다. 이렇게 송신과 수신을 분리하여, 송신은 인터넷상의 메일 박스에 전달하는 것까지다. 따라서 수신하는 컴퓨터가 인터넷에 접속되어 있지 않아도 전자 메일은 문제없이 상대에게 전달된다.

관련 용어

SMTP는 전자 메일을 보내는 데 사용되는 프로토콜이다. SMTP를 지원하는 서버를 SMTP 서버라고 한다.

전자 메일을 실제 우편에 빗대어 생각해 보자.

우체통에서 상대방의 우편함으로 전달되기까지가 SMTP의 역할이다.

SMTP 서버의 역할은 다음과 같이 두 가지다.

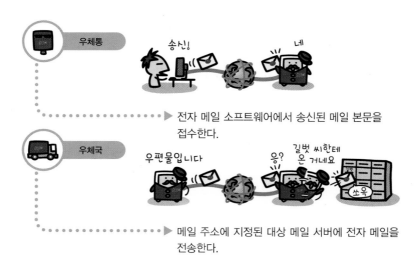

전자 메일 소프트웨어에서 송신된 메일 본문을 접수한다.

메일 주소에 지정된 대상 메일 서버에 전자 메일을 전송한다.

8.3 POP

POP(Post Office Protocol)는 인터넷 메일 수신에 사용되는 네트워크 프로토콜로, 보통은 통신 포트 110번을 사용한다. 수신용이라고 해도 어딘가에서 전송된 데이터를 받는 것은 아니고, 메일 서버에 접속해 전송된 전자 메일을 자신의 메일 박스로 받기 위한 프로토콜이다.

인터넷에서 전자 메일을 교환하는 경우, 상대에게 직접 보내는 방식이라면 상대가 인터넷에 접속되어 있는 상태가 아니면 전달할 수 없다. 그렇기 때문에 송신용과 수신용 프로토콜을 나누어, 송신과 수신 처리를 완전히 분리하고 있다. 송신용 SMTP는 메일 서버의 메일 박스에 전달하는 것까지를 담당하고, 수신용 POP는 메일 박스에서 전자 메일을 다운로드하는 방식이다.

여기서 말하는 메일 박스는 메일 서버에 있는 개인 폴더로, 인터넷에 설치된 사서함 같은 역할을 한다. 수신한 메일은 일단 사서함에 보관되는 구조로 되어 있으므로 수신자의 접속 상태와 상관없이 언제라도 전자 메일을 전달할 수 있다.

POP를 지원하는 전자 메일 소프트웨어는 기본적으로 열람하는 데이터를 모두 다운로드하여 서버에는 남기지 않는다. 이 방식에 의해 한 번 수신한 전자 메일은 인터넷에 연결하지 않아도 읽을 수 있지만, 반대로 여러 컴퓨터를 구분해서 사용하고 싶은 경우에는 불편이 따른다. 이를 해소하기 위한 IMAP라는 방식은 POP와는 반대로 서버에서 메일 데이터를 관리하는 것을 전제로 한다. 따라서 인터넷에 접속되어 있는 환경이라면 어떤 컴퓨터에서도 전자 메일을 읽고 쓰는 것이 가능하다.

관련 용어

POP는 이메일 수신에
사용되는 프로토콜이다.
POP에 대응하는
서버를 POP 서버라고
한다.

전자 메일을 실제 우편에 빗대어 생각해 보자.

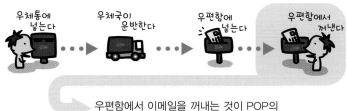

우편함에서 이메일을 꺼내는 것이 POP의
역할이다.

POP 서버는 전자 메일 소프트웨어와 같은 POP 클라이언트로부터 '수신 메일
주세요'라고 요청이 오면,

해당 사용자의 메일 박스에서 받은 메일을 꺼내 전달한다.

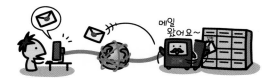

8.4 IMAP

IMAP(Internet Message Access Protocol)는 수신한 인터넷 메일을 서버로부터 가져오기 위한 네트워크 프로토콜로, 보통은 통신 포트 143번을 사용한다. 현재는 IMAP4 버전이 이용되고 있다.

수신 메일을 서버로부터 가져오기 위해서는 POP라는 수신용 프로토콜도 사용한다. 둘 다 '메일을 가져온다'는 측면에서 목적은 동일하지만, 근본적인 개념이 다르고 데이터를 보존하는 장소도 다르다.

POP는 기본적으로 수신 메일을 다운로드하기 위한 프로토콜이다. 서버에 데이터를 남기지 않기 때문에 컴퓨터를 여러 대로 나누어 쓰는 경우에는 데이터를 공유하는 것이 어려웠다. 예를 들어 회사 컴퓨터에서 받은 전자 메일은 집 컴퓨터에서는 볼 수 없다. 두 컴퓨터에서 같은 데이터를 공유하려면 수동으로 파일을 복사해야 한다.

IMAP는 전송한 전자 메일을 포함한 모든 송수신 데이터를 서버에서 관리한다. 즉, 데이터는 항상 한 곳에서 관리되며, 이 프로토콜을 지원하는 전자 메일 소프트웨어만 있으면 어느 컴퓨터에서도 같은 데이터를 사용해 전자 메일을 송수신할 수 있다.

관련 용어

IMAP의 프로토콜 사양은 POP에 비해 복잡했으므로 애초에 지원하는 전자 메일 소프트웨어가 적었고, 이 때문에 더욱 보급이 늦어지는 악순환에 빠져 있었다. 그러나 현재는 주요 전자 메일 소프트웨어의 지원을 받아 널리 사용되고 있다.

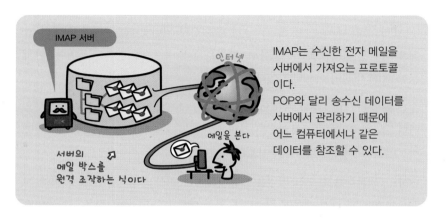

POP가 전자 메일의 다운로드 프로토콜이라면, IMAP는 메일 박스에 대한 접근 제한 프로토콜이라고 할 수 있다.

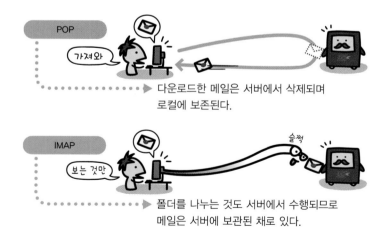

메일 서버에 송수신 데이터가 있기 때문에 여러 대의 컴퓨터를 쓰는 경우에도 항상 동일한 데이터를 이용해 송수신을 실시할 수 있다.

8.5 NNTP

인터넷상의 전자 회의실 시스템인 유즈넷에 사용되는 네트워크 프로토콜로, 보통은 통신 포트 119번을 사용한다. 게시물을 전달하거나, 사용자로부터 게시물을 접수받거나, 뉴스 서버 간에 기사를 교환한다.

뉴스 서버는 유즈넷에 전송되는 게시물을 저장하고 전달하는 서버로, NNTP(Network News Transfer Protocol) 서버라고도 부른다. 유즈넷의 가장 큰 특징은 뉴스 서버들이 NNTP를 사용하여 서로 정보를 교환한다는 것이다.

뉴스 서버는 게시물을 받으면 그 내용을 인접한 뉴스 서버에도 전달한다. 무조건 게시물을 송신하는 것은 아니고, 상대의 뉴스 서버가 그 게시물(기사)을 가지고 있지 않은 경우에만 전달하게 되어 있다. 이것이 물통 릴레이와 같이 뉴스 서버 간에 반복되어 전 세계의 뉴스 서버에서 같은 게시물을 참조할 수 있는 것이다.

옛날에는 UUCP(Unix to Unix CoPy)라는 프로토콜을 사용해 서버 간에 데이터를 주고받았지만, TCP/IP에 의한 상시 접속이 일반화된 후에는 NNTP에 의한 전송이 일반화되었다.

관련 용어

NNTP는 인터넷상의
전자 회의실 시스템인
유즈넷에 사용되는
프로토콜이며, 게시물 배포,
게시물 접수, 뉴스 서버
간의 게시물 교환에 이용된다.

뉴스 서버는 유즈넷에 전송되는 게시물을 저장하고 전달하는 서버다.

유즈넷의 가장 큰 특징은 뉴스 서버 간에 서로 정보를 교환한다는 것이다.

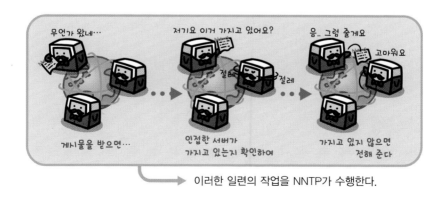

이러한 일련의 작업을 NNTP가 수행한다.

8.6 FTP

서버와 클라이언트라는 두 컴퓨터 간에 파일을 전송하기 위한 네트워크 프로토콜이다. 보통 통신 포트는 제어용으로 21번을, 데이터 전송용으로 20번을 사용한다.

FTP(File Transfer Protocol)에 의한 파일 전송은 사용자 인증부터 시작한다. 사용자 인증을 통과한 사용자는 FTP 명령을 사용하여 폴더를 작성하거나 파일을 다운로드하거나 업로드할 수 있다.

FTP에 의해 파일을 송수신하면 사용자마다 세세하게 권한을 설정할 수 있다. 특정 사용자는 참조만 가능하게 하거나, 특정 폴더는 일부 사용자만 참조할 수 있도록 서버에서 제한할 수 있다. 이처럼 사용자 컨트롤을 지원하기 때문에 FTP가 파일 전송용으로 많이 사용된다.

FTP로 파일을 전송할 때는 ASCII 모드와 바이너리 모드라는 두 가지 모드가 있다. ASCII 모드는 주로 텍스트 파일 전송에 사용하는 모드로, 파일 내의 개행 코드를 전송할 곳의 시스템에 맞는 형태로 변환한다. 바이너리 모드는 반대로 일체의 변환을 실시하지 않는 모드다. 프로그램의 실행 파일이나 동영상 파일 등과 같이 파일 내용이 변경되면 안 되는 데이터는 이 모드를 사용한다.

관련 용어

인터넷에 공개된 FTP 서버는 파일 배포용으로서 누구나 다운로드할 수 있는 anonymous(익명) ftp가 일반적이다.

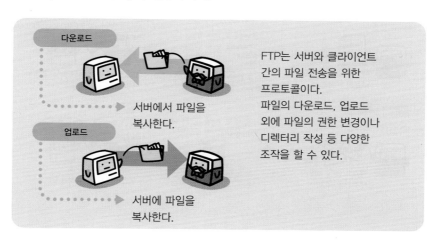

다운로드

서버에서 파일을 복사한다.

업로드

서버에 파일을 복사한다.

FTP는 서버와 클라이언트 간의 파일 전송을 위한 프로토콜이다.
파일의 다운로드, 업로드 외에 파일의 권한 변경이나 디렉터리 작성 등 다양한 조작을 할 수 있다.

FTP를 사용하면 사용자 인증을 통해 사용자별로 세밀하게 권한을 관리할 수 있다.

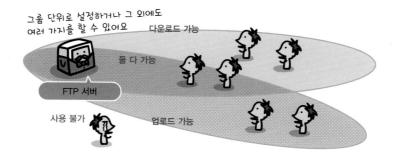

그룹 단위로 설정하거나 그 외에도 여러 가지를 할 수 있어요

다운로드 가능

둘 다 가능

FTP 서버

사용 불가

업로드 가능

파일 전송에는 ASCII 모드와 바이너리 모드라는 두 가지 모드가 있다.

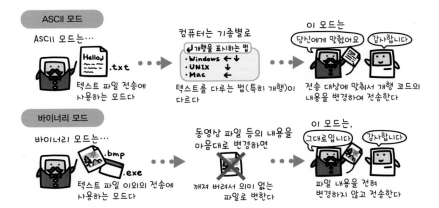

ASCII 모드

ASCII 모드는…

텍스트 파일 전송에
사용하는 모드다

컴퓨터는 기종별로
개행을 표시하는 법
• Windows
• UNIX
• Mac

텍스트를 다루는 법(특히 개행)이
다르다

이 모드는
당신에게 맞췄어요   감사합니다

전송 대상에 맞춰서 개행 코드의
내용을 변경하여 전송한다

바이너리 모드

바이너리 모드는…

.bmp
.exe

텍스트 파일 이외의 전송에
사용하는 모드다

동영상 파일 등의 내용을
마음대로 변경하면

깨져 버려서 의미 없는
파일로 변한다

이 모드는,
그대로입니다   감사합니다

파일 내용을 전혀
변경하지 않고 전송한다

8.7 SSL

예전에 넷스케이프 커뮤니케이션즈(Netscape Communications)사가 개발한 암호화 프로토콜로, 인터넷에서 안전하게 정보를 교환하기 위해 사용한다.

인터넷 통신에서는 다른 사람이 통신 상대인 척하는 '도용'이 발생하거나, 통신 경로 도중에 도청을 당하거나, 데이터가 조작되는 등의 다양한 위험이 존재한다. 이로써 신용카드 번호, 비밀번호와 같은 중요한 정보를 빼앗길 수도 있다.

SSL(Secure Sockets Layer)을 이용한 통신은 네트워크상에서 서로를 인증하게 하여 '도용'을 방지하고, 통신 데이터를 암호화하여 데이터의 도청이나 조작을 방지한다. 이러한 안전성은 온라인 쇼핑 등과 같은 인터넷 서비스를 다양화하기 위해 빼놓을 수 없는 중요한 요소다.

애플의 사파리나 구글의 크롬 같은 주요 웹 브라우저는 SSL을 지원하며 SSL 대응 서버와 안전하게 통신할 수 있다.

SSL은 OSI 참조 모델에서 전송 계층과 응용 계층 사이에 위치한다. 상위 애플리케이션층에서는 특정 프로토콜에 의존하지 않고 이용할 수 있으므로, HTTP나 FTP 등 다양한 프로토콜에서 안전하게 통신할 수 있다.

관련 용어

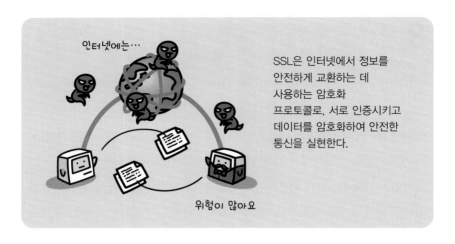

SSL은 인터넷에서 정보를 안전하게 교환하는 데 사용하는 암호화 프로토콜로, 서로 인증시키고 데이터를 암호화하여 안전한 통신을 실현한다.

인터넷에서 이루어지는 통신은 도용이나 데이터 도청, 변조 등의 위험에 항상 노출되어 있다.

SSL 통신은 간단히 말해 다음과 같은 단계를 거쳐 안전하게 통신을 수행한다.

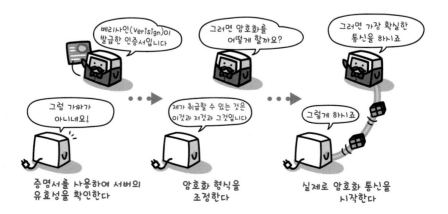

8.8 HTTPS

HTTPS(Hyper Text Transfer Protocol over SSL)는 WWW 서비스의 데이터 통신용으로 이용하는 HTTP 네트워크 프로토콜에 SSL에 의한 암호화 통신 기능을 추가한 것이다. WWW 서버와 웹 브라우저 간의 통신이 암호화되어 신용카드 번호나 개인정보 등을 안전하게 교환할 수 있다.

웹 브라우저를 사용해 홈페이지를 열람할 때는 보고 싶은 URL을 주소로 지정한다. 이 주소는 'http://'로 시작하는 것이 일반적이다. 그러나 온라인 쇼핑을 이용할 때 주소가 'https://'로 시작하는 경우가 있다. 이는 HTTPS를 사용하여 암호화 통신이 수행됨을 나타낸다.

HTTPS로 시작하는 URL 페이지의 경우 해당 페이지에서 송신되는 정보는 HTTPS에 의해 안전이 보증되며, 온라인 쇼핑에서 신용카드 번호를 입력하거나 회원 등록이라는 명목으로 개인정보를 입력할 때 이러한 정보의 유출을 방지할 수 있다.

애플의 사파리나 구글의 크롬 같은 주요 웹 브라우저는 이 프로토콜을 지원한다. 웹 브라우저에서 HTTPS에 의해 통신할 때는 주소 창에 암호화 통신 중임을 나타내는 열쇠 모양이 표시된다.

관련 용어

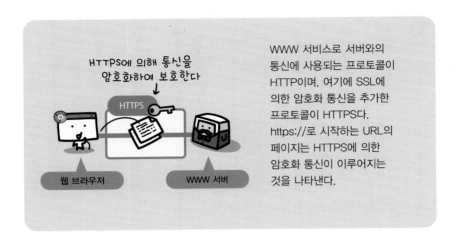

HTTPS에 의해 통신을
암호화하여 보호한다

HTTPS

웹 브라우저   WWW 서버

WWW 서비스로 서버와의
통신에 사용되는 프로토콜이
HTTP이며, 여기에 SSL에
의한 암호화 통신을 추가한
프로토콜이 HTTPS다.
https://로 시작하는 URL의
페이지는 HTTPS에 의한
암호화 통신이 이루어지는
것을 나타낸다.

HTTPS를 지원하는 웹 브라우저는 HTTPS를 지원하는 페이지에서 암호화된 통신을 수행할 수 있다.

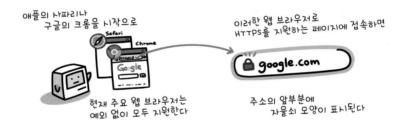

애플의 사파리나
구글의 크롬을 시작으로

이러한 웹 브라우저로
HTTPS를 지원하는 페이지에 접속하면

google.com

현재 주요 웹 브라우저는
예외 없이 모두 지원한다

주소의 앞부분에
자물쇠 모양이 표시된다

이 프로토콜을 사용하여 정보를 전송하면 온라인 쇼핑의 신용카드 번호나 회원 등록에 입력하는 개인정보 등의 유출을 방지할 수 있다.

방어가…   완벽하다

안 보여~

인터넷에서 표준으로 사용되고 있는 시간 정보 프로토콜로, 네트워크상에 있는 컴퓨터의 시각을 동기화하기 위해 사용한다. 이 프로토콜을 이용하는 클라이언트 컴퓨터는 네트워크의 NTP(Network Time Protocol) 서버에서 기준이 되는 시간 정보를 받아 그 정보를 기준으로 내부 시계를 수정한다.

NTP 서버는 계층 구조로, 가장 정확한 시간 정보를 가진 최상위 NTP 서버를 'Stratum 1'이라고 한다. 이 서버는 원자 시계와 GPS 같은 정확한 시간 정보와 동기화하여 항상 자신의 내부 시계를 수정한다. 그 하층에는 'Stratum 2'라고 하는 NTP 서버가 있으며, 이후 'Stratum 3, 4…'로 총 15단계까지 계층화할 수 있다. 이러한 구조이므로 아래쪽 계층일수록 정밀도는 낮아진다.

네트워크를 이용한 통신이므로 중간 경로의 환경에 따라 패킷이 도달하는 데 필요한 시간은 다양하다. 따라서 NTP에서는 통신 시간에 대해서도 고려하여, 서버와의 통신 시간과 그 편차를 감안한 후에 시각 동기화의 빈도를 수정하는 등 정밀도를 유지하고 있다.

요즘에는 대부분 인터넷에 상시 접속되어 있기 때문에 마이크로소프트사의 OS에서는 NTP 클라이언트의 기능이 표준으로 구현되어 있어 컴퓨터의 시각 정보를 정기적으로 수정한다.

관련 용어

클라이언트는 네트워크의 NTP 서버에서 기준이 되는 시간 정보를 받아 이를 바탕으로 내부 시계를 수정한다.

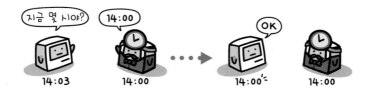

NTP 서버는 계층 구조로 되어 있고 정점이 되는 'Stratum 1'부터 'Stratum 2, 3…' 순서대로 15단계까지 계층화할 수 있다.

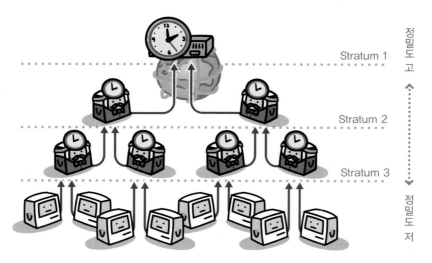

8.10 MIME

인터넷 메일은 원래 ASCII 문자만 처리할 수 있다. 이를 확장해 한국어와 같은 2바이트 문자를 취급하거나 전자 메일 본문에 파일을 첨부할 수 있게 하는 규격이 MIME(Multipurpose Internet Mail Extensions)이다. MIME의 기본 동작은 전자 메일 본문을 여러 부분으로 나누고 거기에 ASCII 문자로 변환한 바이너리 데이터를 저장하는 것이다. 각 부분에는 'Content-Type'과 같은 각종 헤더 정보를 추가해 데이터의 내용을 식별할 수 있게 한다. 이 Content-Type에는 text, image, audio 등 다양한 종류를 지정할 수 있다(이 종류를 MIME 유형이라고 부른다).

데이터를 ASCII 문자로 변환하는 방법에는 Base64나 uuencode, Quoted Printable 등이 있다. 주로 사용되는 것은 Base64이며, 실제로 무엇을 사용해 변환했는지에 대한 정보는 앞서 말한 헤더 정보에 기술되어 있다. 이러한 정보를 참조하여 수신자는 원래 데이터로 복원한다.

오래된 전자 메일 소프트웨어를 사용할 경우 수신한 전자 메일의 본문에 주절 주절 의미를 알 수 없는 문자열이 생성되는 경우가 있다. 거기에 나열된 의미를 알 수 없는 문자열은 ASCII 문자로 변환된 데이터로, 이는 해당 소프트웨어가 MIME의 규격을 지원하지 않기 때문이다. MIME이 지금처럼 일반적이지 않았을 무렵에는 이와 같은 문제가 많이 발생하곤 했으며, 이 경우 전자 메일 소프트웨어로 복원할 수 없기 때문에 첨부 파일을 별도의 전용 도구를 사용하여 수동으로 복원하는 등의 작업이 필요했다.

관련 용어

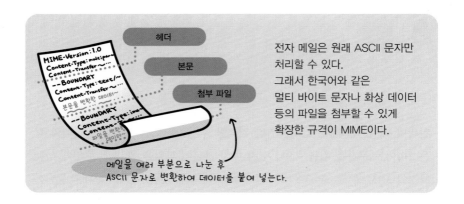

ASCII 문자밖에 취급할 수 없는 전자 메일을 위해 MIME은 데이터를 ASCII 문자로 변환해 본문에 붙여 넣는다.

다만 그대로 변환하면 본래의 문장과 구별되지 않으므로 메일을 여러 부분으로 나누어 어떤 데이터인지 종류를 기입한다.

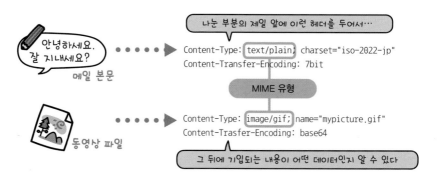

받은 쪽은 기재된 종류를 참고해 각 부분을 복원한다.

S/MIME은 MIME에 암호화나 전자 서명의 기능을 추가한 규격이다.

8.11 ICMP

TCP/IP의 패킷 전송에서 발생한 각종 에러 정보를 보고하기 위해 사용하는 네트워크 프로토콜이다. 통신 중에 에러가 발생하면 ICMP(Internet Control Message Protocol)는 에러가 발생한 곳에서 패킷의 발송지로 에러 정보를 거꾸로 전송한다. 경로 도중에 있는 장비(기기)는 이 보고를 통해 네트워크에 발생한 장애를 알 수 있다.

ICMP를 이용한 네트워크 확인 명령어로는 ping과 traceroute가 유명하다.

ping은 네트워크의 소통을 확인하기 위한 명령어다. 구체적으로는 확인하려는 컴퓨터에 IP 패킷을 발급한 후 해당 패킷이 올바르게 도착하고 응답이 이루어지는지 확인한다. 이 명령어가 정상적으로 실행되면, 패킷이 무사히 전달되는 것을 알 수 있고 네트워크가 소통되는지 확인할 수 있다. 이때 도달 시간도 표시되므로 간단한 네트워크 성능 체크에도 이용할 수 있다.

traceroute는 네트워크 경로를 조사하는 명령어다. 원하는 컴퓨터에 도달할 때까지 어떤 라우터를 경유하는지에 대한 정보를 목록으로 나열할 수 있다. 예를 들어 ping이 정상적으로 종료되지 않은 경우, 이 명령어를 통해 문제를 일으키고 있는 경로상의 위치가 어디인지 찾아낼 수 있다. 또한, 경로상에 존재하는 각 라우터로부터의 응답을 측정할 수 있으므로, 네트워크상의 병목(경로상에서 통신 속도가 나오지 않는 요인이 되고 있는 곳)을 조사하는 것도 가능하다.

관련 용어

네트워크에 장애가 발생한 경우 ICMP에서 오류 정보가 거꾸로 전송되어 오기 때문에 발생한 오류 내용을 알 수 있다.

ICMP를 이용한 네트워크 검사 명령어로는 다음 두 가지가 유명하다.

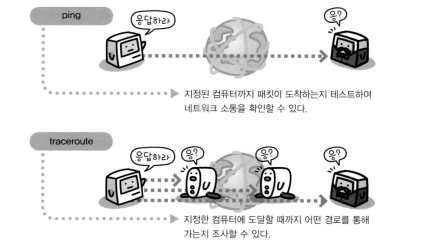

8.12 HTML

인터넷에서 널리 이용되는 WWW용 문서를 작성하기 위해 사용하는 언어로, 문서에 링크를 설정하여 문서끼리 서로 연결할 수 있다. 이러한 특징을 가진 텍스트를 하이퍼텍스트라고 하는데, HTML(Hyper Text Markup Language)이라는 이름은 여기에서 온 것이다.

HTML로 작성된 문서는 내용적으로는 단순한 텍스트 파일일 뿐이다. 그러나 HTML에는 태그라는 예약어가 몇 개 정해져 있고, 이 태그에 의해 문서의 논리 구조나 외관 등을 지정할 수 있다.

이때 지정한 내용을 어떻게 표시해야 하는지는 웹 브라우저의 역할이다. 이 때문에 사용하는 웹 브라우저에 의해 외관이 달라지기도 한다.

처음에 HTML은 문서 구조를 표현하는 데 중점을 두었다. 하지만 WWW가 일반적으로 사용되면서, 폭발적으로 늘어난 기술자와 사용자의 요구에 부응하여 외관을 포함한 여러 가지가 확장되었다. 현재는 최초의 문서 구조를 나타내는 언어로서의 역할로 되돌아와 외관을 표현할 때는 CSS를 이용하도록 역할 분담이 이루어졌다.

HTML의 확장은 W3C(World Wide Web Consortium)라는 비영리 단체에서 관리하고 있다.

관련 용어

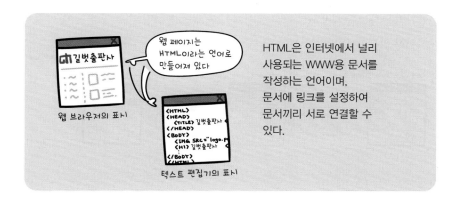

'언어'란 무엇인가? 어떤 법칙에 의한 서식이라는 의미다. 즉, HTML이라는 이름으로 정해진 서식이 있는 것이다.

HTML 형식은 태그라는 예약어를 텍스트 파일에 넣어서 문서의 모양과 논리 구조를 지정한다.

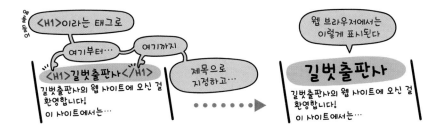

앵커라는 태그를 사용하면 다른 문서에 대한 링크를 설정할 수 있다. 이렇게 문서끼리 연결할 수 있다는 점이 큰 특징이다.

8.13 CSS

HTML에 의해 작성된 문서의 레이아웃 등 외관을 정의하는 언어다.

인터넷이 보급되면서 WWW는 외관을 더 보기 좋게 만들어 주는 표현이 필요해졌다. HTML의 언어 사양도 이에 준하는 형태로 확장을 계속해서 시각적인 효과를 올리기 위한 태그가 다수 추가되었다. 그러나 이로 인해 본래 HTML이 가지고 있던 '문서의 논리 구조를 작성한다'라는 목적이 희미해지고, 확장 내용도 웹 브라우저마다 표시 결과가 다르게 나타나는 등 여러 폐해가 발생하게 되었다.

CSS(Cascading Style Sheets)는 기존의 HTML 내에서 지정하던 레이아웃 같은 시각적인 표현에 관한 부분을 대체하는 언어다. CSS 덕분에 문서와 레이아웃의 정의가 완전히 분리되고, HTML은 원래대로 '문서의 논리 구조를 설명하는 언어'로 돌아가게 되었다.

CSS에서는 폰트나 색, 배경 등 다양한 속성을 지정할 수 있다. 속성 내용은 HTML 내에 포함할 수도 있지만, 본래 목적이 'HTML에서 레이아웃 정의를 분리하는 것'이므로 외부 파일에 정의를 작성하고 HTML 내에 링크를 포함하는 방법이 일반적이다.

현재는 HTML이 문서 구조를 맡고, CSS가 표현 방법을 담당하고, 스크립트 언어가 동적 변화를 주는 형태와 같이 그 역할이 세 가지로 구분되어 있다.

관련 용어

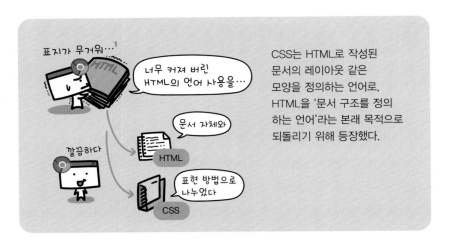

CSS는 기존에 HTML에서 수행한 외관을 지정(폰트 사이즈나 레이아웃, 색 지정 등)하는 기능을 담당할 뿐 아니라 이와 동시에 더욱 고도의 표현을 가능하게 해 주는 언어다.

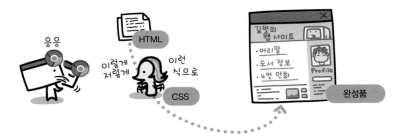

시각적인 표현 부분을 CSS로 분리하여, 같은 HTML 문서라도 표현 형태를 다양하게 전환할 수 있다.

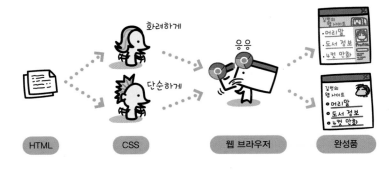

---

1 역주 내용보다 겉치장에 더 신경 쓴다는 의미로, 배보다 배꼽이 더 큰 경우를 나타낸 것이다.

8.14 자바스크립트

자바스크립트(JavaScript)는 예전에 넷스케이프 커뮤니케이션즈(Netscape Communications)사가 웹 브라우저인 넷스케이프 내비게이터(Netscape Navigator) 2.0에 처음 구현한 스크립팅 언어다. 썬 마이크로시스템즈(Sun Microsystems)사의 자바(Java) 언어와 이름이 비슷하지만, 문법이 조금 비슷한 것 말고는 서로 호환성도 없으며 완전히 다른 언어다.

1997년 유럽의 표준 단체인 ECMA에 의해 표준화가 이루어졌으며, 그 사양은 'ECMAScript'로 정해졌다. 현재는 많은 웹 브라우저가 지원할 뿐만 아니라, OS나 응용프로그램에서 자동 처리를 위한 장치로 자바스크립트나 유사한 스크립팅 언어를 구현하는 경우도 많이 볼 수 있다.

자바스크립트의 주된 용도는 인쇄물처럼 정적인 페이지밖에 없었던 웹 사이트에 동적인 메뉴 조작, 그리고 입력, 체크 같은 움직임과 대화성을 부가하는 것이다. 스크립팅 언어는 종종 '간단한 프로그래밍 언어'라고 불리며, 복잡한 절차 없이 작성한 프로그램을 실행할 수 있다는 특징이 있다. 자바스크립트도 HTML 파일에 직접 프로그램을 작성하여 웹 사이트에 다양한 동적 효과를 부가할 수 있다.

현재는 웹 브라우저 간의 호환성도 높고 웹 사이트를 구축할 때 꼭 필요한 존재가 되었지만, 기능이 훌륭해서 사용하기에 따라서는 악의적인 웹 페이지를 생성할 수도 있으므로 주의해야 한다.

관련 용어

자바스크립트는 스크립팅 언어의 일종이며, 대부분의 웹 브라우저에 구현되어 있다. HTML 파일에 프로그램을 작성하면 웹 사이트에 동적 효과를 줄 수 있다.

HTML 파일 내에 직접 프로그램을 작성하면, 자바스크립트를 해석할 수 있는 웹 브라우저가 '이렇게 실행하는구나'라고 해석한 후 동작시킨다.

8.15 CMS

CMS(Contents Management System)란 웹 사이트를 구성하는 콘텐츠(텍스트, 이미지, 음악 데이터 등 다양하다)를 작성하고 관리하고 배포하는 데 도움을 주는 시스템의 총칭이다. 콘텐츠 매니지먼트 시스템 또는 콘텐츠 관리 시스템이라고도 한다.

아주 예전 방식으로 웹 사이트를 구축할 때는 HTML 파일을 텍스트 편집기로 작성하고, 이미지 편집 툴을 사용해 게시용 이미지 데이터를 적절한 포맷으로 변환한 뒤 이를 정리해 FTP 클라이언트 소프트웨어로 서버에 업로드하는 것이 일반적이었다. 작성자는 이러한 도구를 다룰 수 있는 지식과 서버를 어떤 디렉터리 구조로 어떻게 관리할지에 대한 지식이 필요했다.

이 작업을 일괄적으로 관리하도록 한 것이 CMS다.

CMS는 목적이나 이용하는 규모에 따라 다양하지만, 가장 친숙하고 대표적인 것으로는 블로그 작성 도구라고 불리는 워드프레스나 무버블 타입 등이 있다.

위 도구는 웹 페이지를 작성하기 위한 에디터 기능, 동영상 데이터 콘텐츠를 구성하기 위한 파일 업로드 기능, 콘텐츠 파일 관리, 콘텐츠의 공개 상태 조작(공개·비공개 전환, 공개 예약 등), 전체 디자인 총괄, 코멘트나 트랙백 기능 등이 있으며, 이를 웹 관리 화면에 접속하여 조작할 수 있도록 구성되어 있다. 즉, 웹 사이트 콘텐츠의 구축과 운용에 필요한 기능이 패키지화된 웹 시스템이다.

관련 용어

CMS를 이용하면 '어떤 콘텐츠를 만들 것인가'에만 집중하여 웹 사이트를 운영할 수 있다.

이전의 웹 사이트 구축 방법은 콘텐츠와 사이트 구성이 밀접하게 연결되어 있으므로, 제작하려면 전문 지식이 필요하기도 하고 나중에 구성을 유연하게 변경할 수 없었다.

CMS를 사용하면, 콘텐츠의 입력 및 관리와 웹 사이트에서 보이는 부분의 처리까지 시스템이 관리해 준다.

작성자는 '어떤 콘텐츠를 만들까'만 생각하면 되므로 웹 사이트 갱신에 필요한 시간을 상당히 줄일 수 있다.

8.16 쿠키

웹 브라우저와 WWW 서버 간에 암묵적인 정보 교환을 실시하기 위한 장치다. 넷스케이프사에 의해 개발되어 현재는 다양한 웹 브라우저가 지원한다.

WWW 서버의 지시에 따라 웹 브라우저가 클라이언트 컴퓨터에 쿠키(cookie)를 저장한다. 내용은 웹 사이트의 도메인 이름이나 쿠키의 유효 기간 같은 기본 정보 외에 처리를 위한 독자적인 값으로 구성되어 있다. 쿠키에 의해 저장된 정보는 액세스한 URL이 쿠키의 정보와 일치하면 자동으로 WWW 서버로 전송된다.

예를 들어 TV 방송 편성표를 표시해 주는 웹 사이트가 있다고 하자. 처음에 사용자를 등록하면서 거주 지역을 지정하도록 하고, 이때 쿠키에 이러한 정보를 보존해 둔다. 그러면 다음에 방문할 때는 쿠키에 의해 사용자 지역에 맞는 방송 편성표를 자동으로 표시할 수 있다.

이와 같이 쿠키는 주로 사용자를 식별하는 것을 목적으로 이용하는 경우가 많아서 웹 사이트를 개인화(personalize)하는 용도에 적합하다. 예를 들어 사용자가 색을 바꾸거나 메뉴 구성을 바꿀 수도 있다.

하지만 쿠키가 저장하는 정보는 암호화되지 않는다. 따라서 클라이언트 컴퓨터에서 얼마든지 변조할 수 있으므로 보안에 관련된 정보를 쿠키로 저장하는 것은 매우 위험하다.

관련 용어

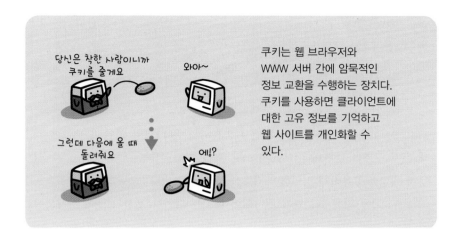

쿠키는 웹 브라우저와 WWW 서버 간에 암묵적인 정보 교환을 수행하는 장치다. 쿠키를 사용하면 클라이언트에 대한 고유 정보를 기억하고 웹 사이트를 개인화할 수 있다.

쿠키는 WWW 서버의 지시에 의해 클라이언트에 자동으로 저장된 데이터 파일이다.

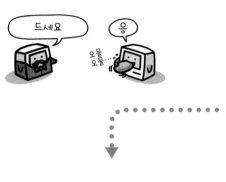

쿠키는 웹 사이트의 도메인 이름이나 쿠키의 유효 기간 외에 기억해야 할 독자적인 값을 포함하고 있다.

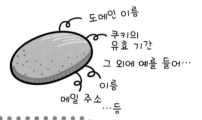

이 컴퓨터가 다시 방문했을 때 쿠키는 자동으로 WWW 서버에 반환된다.

쿠키에 의해 사용자를 식별하고 지난 번 상태를 보존할 수 있다.

8.17 XML

XML(eXtensible Markup Language)은 HTML과 같은 마크업 언어로, 태그에 의해 문서 구조를 나타낸다. 'extensible (확장 가능)'이라는 이름에서 알 수 있듯이 태그를 고유하게 정의하여 기능을 확장할 수 있다. W3C(World Wide Web Consortium)에 의해 표준화가 권고되어 현재는 다양한 문서 포맷에 응용되고 있다.

XML에는 HTML처럼 문서의 모양을 표현하는 태그는 전혀 존재하지 않는다. XML에서 태그는 어디까지나 문서 구조를 나타내는 것이며, 데이터의 속성을 표현하기 위해 사용한다. 따라서 XML로 문서를 표시하는 방법을 지정하는 경우 CSS 같은 스타일 시트 언어가 필수다. 이 점이 HTML과 XML의 가장 큰 차이점이며, XML은 데이터 자체를 표현하는 데 특화된 언어라고 할 수 있다.

예를 들어 XML로 주소 목록을 작성하면 〈주소〉〈이름〉〈전화번호〉와 같은 태그를 사용해 데이터를 표현한다. 태그는 '어떤 데이터인가'를 나타내고, 데이터를 어떤 형식으로 표시할 것인지는 스타일 시트에 맡긴다. 이와 같이 XML은 데이터 그 자체를 구조화하여 표현하기 때문에 데이터를 재활용하는 데 적합하며 여러 XML을 조합해 하나의 문서를 만들 수도 있다.

이러한 특징을 감안하면, XML은 HTML보다 데이터베이스와 훨씬 더 비슷하다. 실제로 기업 기반 시스템 개발에서 시스템 간 데이터를 연계하는 데 XML을 활용하는 사례도 많이 볼 수 있다.

관련 용어

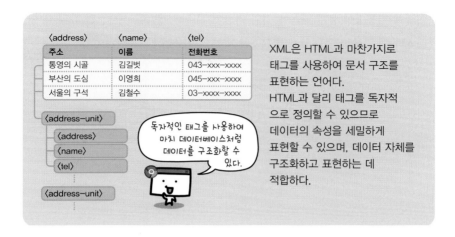

XML은 HTML과 마찬가지로 태그를 사용하여 문서 구조를 표현하는 언어다.
HTML과 달리 태그를 독자적으로 정의할 수 있으므로 데이터의 속성을 세밀하게 표현할 수 있으며, 데이터 자체를 구조화하고 표현하는 데 적합하다.

독자적인 태그를 사용하여 마치 데이터베이스처럼 데이터를 구조화할 수 있다.

XML은 데이터 자체를 표현하기 위해 사용하므로, 표시 방법을 지정하려면 CSS 등의 스타일 시트 언어가 반드시 필요하다.

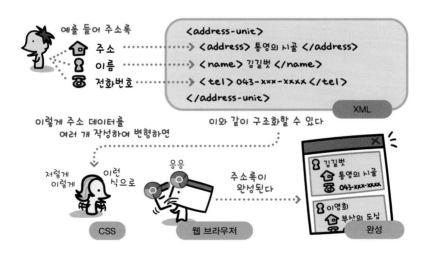

이렇게 범용성이 높기 때문에 기업 기반의 시스템 개발에서 시스템 간의 데이터 연동에 활용하는 등 넓은 범위에서 XML이 이용되고 있다.

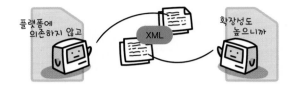

8.18 RSS

RSS(RDF Site Summary)는 웹 사이트의 제목이나 내용을 간단히 요약하여 배포하기 위한 포맷이다. 주로 업데이트 정보를 공개하는 데 사용한다.

이 용어에 포함되어 있는 RDF는 Resource Description Framework의 약어로, 메타데이터를 작성하는 도구라는 뜻이다. 즉, '이러한 정보를, 이러한 형태로 작성합시다'라고 약정한 것이다. 따라서 이를 이용해 WWW를 통한 응용프로그램 소프트웨어끼리 데이터를 교환할 수 있는 것이다.

일반적으로 블로그의 업데이트 정보를 배포하는 데 사용하지만, 뉴스 사이트나 TV 편성표 사이트에서 새로운 기사 또는 프로그램 정보를 배포하거나 기업에서 제품 정보를 배포하는 등의 사례도 많이 볼 수 있다.

RSS 정보를 취득하여 갱신 정보를 참조할 때는 RSS 리더라는 소프트웨어를 이용한다. 형태는 웹 브라우저에 내장되어 있는 것, OS의 데스크톱에 있는 것, 전용 웹 사이트에 목록으로 제공되는 것 등 다양하다.

RSS의 규격은 완전히 통일되지 않고, 명칭이 다른 여러 가지 규격이 혼재하고 있다. 일본에서는 RSS 1.0(RDF Site Summary)을 많이 사용하지만, 이와 다른 계열로 RSS 2.0(Really Simple Syndication)도 있다. 이들은 서로 호환성을 가지지 않으므로 사실상 계열이 나누어져 버렸다.[2]

관련 용어

---

2   **역주** 한국에서는 RSS 1.0과 RSS 2.0을 모두 사용하고 있다.

RSS는 웹 사이트의 제목이나 요약 내용을 전달하기 위한 포맷이다.
주로 업데이트 정보를 공개하는 데 사용한다.

RSS에는 다음과 같은 정보가 들어 있다.

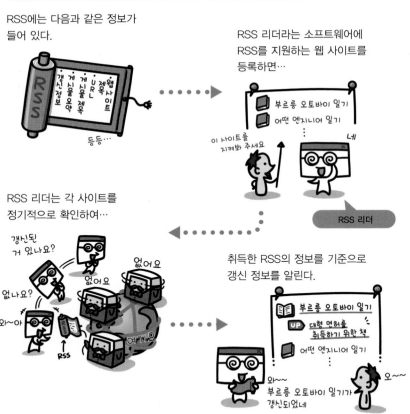

RSS 리더라는 소프트웨어에 RSS를 지원하는 웹 사이트를 등록하면…

RSS 리더는 각 사이트를 정기적으로 확인하여…

취득한 RSS의 정보를 기준으로 갱신 정보를 알린다.

8.19 Dynamic DNS

DNS가 가지고 있는 데이터베이스 정보가 변경되면 즉시 통지하거나 변경 부분만 전송하는 기능이 있는 DNS다.

일반적인 DNS는 내용이 변경되어도 미리 정한 일정 시간이 경과하지 않으면 하위 서버에 통지하지 않았다. 따라서 변경 내용이 전 세계에 반영되려면 약 3일 정도 걸렸다. Dynamic DNS는 변경 사항을 즉시 알리기 때문에 이렇게 시간이 걸리지 않는다.

현재는 Dynamic DNS를 이용한 서브 도메인 무료 발행 서비스도 많이 볼 수 있다.

ADSL이나 광케이블처럼 상시 접속 회선에 의한 인터넷 접속은 구성상 전용선 접속과 같은 방법을 사용한다. 즉, 원래는 서버를 구축해 인터넷에 공개할 수 있는데, ADSL에서는 접속할 때마다 IP 주소가 변경되기 때문에 외부 사용자는 어떤 주소에 액세스하면 좋을지 알 수가 없다.

이때 Dynamic DNS를 활용한다.

Dynamic DNS를 이용하면 IP 주소 변경이 항상 반영되므로, 도메인 이름이 고정이라면 사용자는 IP 주소 변경에 신경 쓰지 않고 외부에서 액세스할 수 있다.

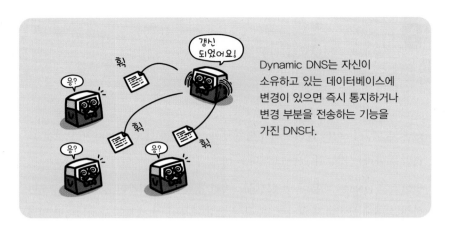

Dynamic DNS는 일반 DNS와 달리 변경 사항을 곧바로 통지하기 때문에 변경 사항이 전 세계에 즉시 반영된다.

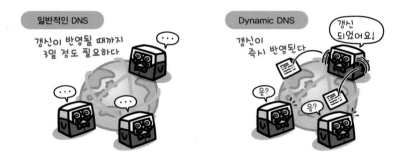

Dynamic DNS를 이용한 서브 도메인 발행 서비스를 이용하면, ADSL과 같이 IP 주소가 변하는 환경에서도 고정 도메인 이름을 사용하기 때문에 외부에서 액세스가 가능하다.

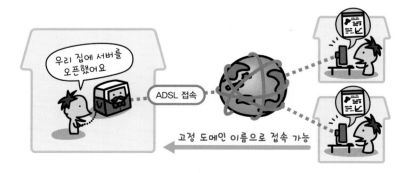

8.20 클라우드

사전적으로 '구름(cloud)'을 의미하는 클라우드는 흔히 '클라우드 컴퓨팅'의 약칭으로 사용된다.

IT 업계에서는 예전부터 시스템 구성도에서 네트워크 구성을 작성할 때 구름에 빗대어 도식화하는 것이 관례였다. 즉, 클라우드 컴퓨팅의 '구름'이란 네트워크를 가리킨다. 데이터와 소프트웨어는 내 컴퓨터가 아닌 구름(네트워크, 여기서는 특히 인터넷)에 있는 서버가 관리하고, 사용자는 필요에 따라 여기에 접속하여 이용한다. 클라우드는 이러한 서비스 형태를 나타내는 것이다.

익숙한 예를 들면, 구글이 제공하는 웹 메일 서비스(Gmail)나 드롭박스(DropBox)의 온라인 스토리지 서비스(인터넷상의 HDD 공간을 임의로 공유해 어느 단말에서도 사용할 수 있도록 한 서비스) 등이 있다. 쉽게 말해, '여러 단말기에서 인터넷을 통해 액세스하고 서비스를 받을 수 있도록 한 것'이라고 이해하면 된다.

클라우드형 서비스를 사용자가 이용하기 위해 반드시 갖춰야 할 것은 단지 접속 환경뿐이다. 따라서 도입 비용이 저렴하며, 데이터 관리나 백업은 기본적으로 서비스를 제공하는 쪽에서 알아서 해 준다. 또한, 자사에서 관리하는 경우와 비교할 때 비용 면에서도 훨씬 유리하다.

관련 용어

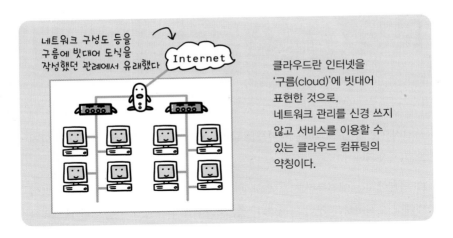

네트워크 구성도 등을
구름에 빗대어 도식을
작성했던 관례에서 유래했다

Internet

클라우드란 인터넷을
'구름(cloud)'에 빗대어
표현한 것으로,
네트워크 관리를 신경 쓰지
않고 서비스를 이용할 수
있는 클라우드 컴퓨팅의
약칭이다.

클라우드 컴퓨팅의 세계에서 사용자는 특정 하드웨어나 소프트웨어가 아닌 서비스 자체에 사용료를 지불한다.

파일 보존 서비스는
정말 편리하네

Internet

클라우드에 있는
하드웨어나
소프트웨어에 대해

사용자가 신경 쓸
필요가 없다

저 건너편에
무엇이 있는지…

신경 쓰지
않아

인터넷에 연결할 수 있는 환경만 준비되면 사용할 수 있으므로 초기 도입 비용이 낮고,

연결만 되면 바로

Internet

같은 데이터를
열람할 수 있다

더구나 어디서든지

데이터의 유지 보수, 시스템의 유지 관리까지 맡길 수 있는 것이 장점이다.

memo

9^장

모바일 네트워크

9.1 휴대폰

휴대폰이란 가지고 다닐 수 있는 전화기를 말하며, 각지에 설치한 기지국과 전화기가 무선 통신을 함으로써 이동하면서 통화할 수 있도록 구현되어 있다.

영어 명칭인 '셀룰러 폰(Cellular Phone)'이라는 말에 그 특징이 잘 나타나 있다.

'셀(cell)'은 '세포'나 '벌집 구멍'이라는 뜻이다. 휴대폰 통신은 유선 네트워크에 연결된 기지국과 통신함으로써 이루어지지만, 기지국의 전파가 도달하는 범위에는 한계가 있다. '단일 기지국에서 전파가 도달하는 범위'를 하나의 '셀'로 간주하고 셀을 여러 개 조합하여 광범위한 서비스 영역을 실현하는 것이다. 이를 셀룰러 시스템이라고 한다. 즉, 이러한 셀룰러 시스템으로 통화하는 전화이므로 이름이 '셀룰러 폰'이 되었다. 작은 지역이 모여 넓은 지역을 형성하는 형태는 '벌집 구멍(셀)'이 모여 있는 벌집을 상상하면 이해하기 쉬울 것이다.

휴대폰의 역사는 현재까지 약 다섯 세대로 나눌 수 있다.

1세대(1G)는 아날로그 방식으로 노이즈가 생기기 쉽고 도청도 쉽게 되는 등의 문제가 있었다. 2세대(2G)에서는 통신의 디지털화, 전화기의 소형 · 경량화가 진행되었다.

3세대(3G)는 국내에서 널리 이용되었던 휴대폰 서비스다. 새로운 디지털 통신 방식을 채택하여 고품질의 통화 서비스와 고속의 데이터 통신을 구현했다. 현재도 LTE 등의 4G 서비스 전파가 닿지 않는 지역에서 계속 이용되고 있다.

관련 용어

3G를 더욱 고속화한 것이 LTE(Long Term Evolution)다. 3G를 장기적으로 진화시켜 다음 세대의 4G 회선으로 교체하기 위한 것이었지만, 현재는 이러한 LTE 이후의 서비스를 4G로 부르고 있다.

마지막으로 5G다. 2020년에 도입된 5G는 4G에 비해 통신 속도는 20배, 통신 지연은 10분의 1, 동시 접속 수는 열 배 수준이다.

'가지고 다닐 수 있는 전화기'인 휴대폰은 각지에 있는 기지국과 무선 통신을 함으로써 이동하면서도 통화할 수 있도록 구현되어 있다.

휴대폰은 영어로 '셀룰러 폰'이라고 부른다.

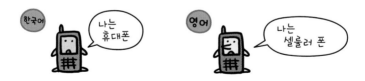

'셀'이란 세포나 벌집 구멍이라는 의미로, 바꾸어 말하면 '하나의 기지국에서 커버할 수 있는 전파의 범위'라고 할 수 있다.

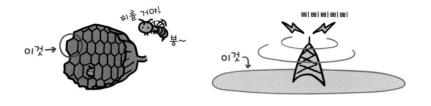

왜냐하면 전파의 도달 범위를 여러 개 밀집시켜 전체를 구성하는 모양이 벌집 구멍이나 세포와 닮아 있기 때문이다.

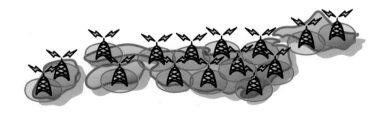

이러한 셀이 서로 걸쳐지면서 통신하는 방식으로 구현되어 이동하면서도 통화할 수 있다.

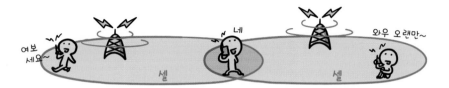

9.2 PHS

PHS란 Personal Handyphone System의 약어다. 처음에는 '2세대 디지털 무선 전화', '간이형 휴대폰'이라고도 불렸는데, '가정에 있는 무선 전화기의 수화기를 그대로 밖에서 사용할 수는 없을까?'라는 호기심에서 비롯되었다.[1]

법적으로는 휴대폰과 명확하게 구별되어 있지만, '가지고 다닐 수 있는 전화기'라는 의미에서는 유사점이 많으므로 휴대폰의 일종이라는 견해가 지배적이다.

PHS의 특징은 기지국을 간소화하여 각종 비용을 낮췄다는 점이다. 기지국은 실내에도 설치 가능한 소형의 간이 기지국을 이용한다. 이러한 기지국이 발신하는 전파는 매우 약하기 때문에 휴대폰 기지국처럼 큰 설비가 필요하지 않다. 전화기 자체의 전파 출력도 약하기 때문에 기기의 소형화가 용이하고 저렴하게 제조하는 것이 가능하다.

그러나 전파가 약하기 때문에 하나의 기지국으로 커버할 수 있는 범위가 좁다. 따라서 수십 km 단위로 기지국을 설치하는 휴대폰과는 달리, 100~500m 정도의 간격으로 밀접하게 기지국을 설치해야 한다. 서비스를 시작한 당시에는 기지국의 밀도가 높지 않았으며 이동 중에 기지국과 기지국을 전환하는 핸드오버 처리도 불가능했기 때문에 'PHS = 연결되지 않는다, 잘 끊어진다'라는 식의 악평이 많았다.

관련 용어

---

1 **역주** 국내에서는 사용하지 않는 (시티폰과 유사한) 일본 한정 서비스다.

최근에는 이러한 단점이 거의 해소되었지만, 통신 사업자도 많이 줄어들어서 마지막에 남은 개인용 서비스도 2020년에는 완전히 종료되었다. 일부 법인이나 의료 기관 등에서 계속 이용하고 있지만, 이것 또한 조금씩 스마트폰으로 바뀌어 가고 있다.[2]

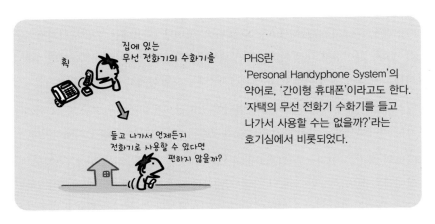

PHS의 장점은 설비를 단순화해서 각종 비용을 줄일 수 있다는 점이다.

---

2   역주 PHS는 한국의 '시티폰'과 비슷한 방식의 전화기다. 시티폰은 1997년에 처음 시판되었으며, 주로 공중전화 근처에 기지국이 존재했다. 다만 PHS는 걸기와 받기가 모두 가능한 반면에 시티폰은 걸 수만 있다는 점이 다르다.

그렇지만 전파가 약한 만큼 초창기에는 이동 중에 통화 연결이 끊어지기 쉬웠다.

'PHS = 끊어지기 쉽다. 연결이 안 된다'라는 평가를 받았다.

9.3 스마트폰

스마트폰의 '스마트(smart)'라는 단어는 '머리 좋은, 지적인'이라는 뜻이므로, 스마트폰은 직역하면 '영리한 전화'라는 의미가 된다. 의미 그대로 단순한 전화가 아니라 영리하다. 전화기 기능을 가진 소형 휴대용 컴퓨터가 휴대폰의 한 형태로 보급되었다고 생각하면 된다.

스마트폰의 요건에 대해서는 특별한 정의가 없다. 일반적으로는 대형 액정 화면이 있고 터치 패널로 조작이 가능한 고기능 단말을 생각한다. 또한, 대부분이 인터넷 접속, 메일 교환, 비디오 및 음악 재생, 내장 카메라에 의한 사진 및 동영상 촬영 등과 같은 다양한 기능을 가지고 있다.

이러한 여러 기능을 제어하기 위해 스마트폰에는 독자적인 OS(운영체제)가 탑재되어 있다. 현재 이 분야를 대표하는 OS로는 두 가지를 꼽을 수 있는데, 하나는 애플의 아이폰(iPhone)이 채택하고 있는 iOS이고 다른 하나는 구글이 제공하고 있는 안드로이드(Android) OS이다. OS는 애플리케이션을 운영하기 위한 플랫폼이기도 하며, 사용자는 각 OS에 대응하는 애플리케이션을 설치하여 스마트폰의 기능을 자유롭게 확장할 수 있다.

관련 용어

휴대용 소형 컴퓨터에 전화 기능을 탑재한 것이 스마트폰이다. 명확한 정의는 없지만, 애플의 iOS나 구글의 안드로이드 OS를 채택한 것이 대표적이다.

이런 모습의 물건

일반적으로 생각하는 스마트폰의 특징은 다음과 같다.

애플의 아이폰과 구글의 안드로이드에는 모두 전용 애플리케이션 스토어가 있어서 사용자는 자유롭게 기능을 확장할 수 있다.

9.4 매크로 셀 방식

셀이란 단일 기지국에서 커버할 수 있는 범위를 말하며, 매크로 셀(macro cell) 방식이란 출력이 높은 기지국을 이용하여 하나의 기지국으로 넓은 범위를 커버하는 방식을 가리킨다.

이동통신 세계에서는 휴대폰이 이 방식을 사용하고 있다.

이 방식은 하나의 기지국이 수 km 범위를 커버하기 때문에 '영역 확대가 쉽다', '고속 이동 중에도 끊기지 않고 통화할 수 있다'는 특징이 있다. 그러나 건물 등에 차단되어 전파가 닿지 않는 범위가 생기거나, 단일 기지국에서 수용해야 하는 인원이 너무 많아지는 등의 문제도 있다. 특히 인구 밀도가 높은 도심에서는 수용 인원 문제가 심각하므로, 때로는 이용자 한 명당 통신 속도를 낮추는 등 회선이 꽉 차는 것을 피해야 한다. 통신 속도가 낮아지면 음성을 더 압축해 보내야 하므로 통화 품질은 자연히 떨어진다.

위 문제를 해소하기 위해 도심에서는 마이크로 셀 방식을 병용하는 사업자도 있다. 그러나 마이크로 셀 방식을 이용하는 PHS 사업자가 '좀 더 광범위한 영역을 커버하기 위해' 일부 지역에서 매크로 셀 방식을 병용하는 경우도 있었기 때문에 단순히 기지국 형태로 휴대폰과 PHS를 구분할 수는 없다.

매크로 셀 방식은 기지국뿐만 아니라 휴대폰 자체도 강한 전파를 발신한다. 이 전자파에 의해 기기가 오작동을 일으킬 수 있으므로 병원이나 비행기 등에서는 이용을 제한하는 경우도 많다.

관련 용어

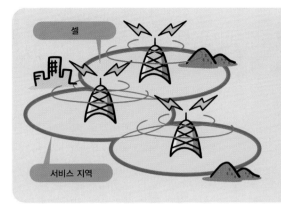

출력이 높은 기지국을
이용하여 단일 기지국으로
넓은 범위를 커버하는
방식을 매크로 셀 방식
이라고 한다.
주로 휴대폰이 사용한다.

셀이란 단순하게 기지국이 커버할 수 있는
전파의 범위를 말한다.

이것

매크로 셀 방식은 높은 출력을 가진 안테나를 사용하여
하나의 기지국이 넓은 범위를 커버할 수 있다.

지역의 확대가 쉬운 반면…

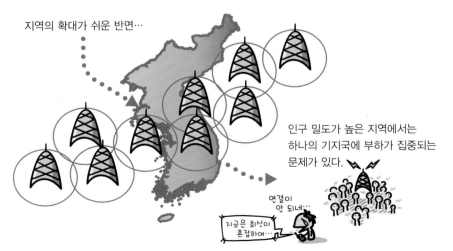

인구 밀도가 높은 지역에서는
하나의 기지국에 부하가 집중되는
문제가 있다.

연결이
안 되네…

지금은 회선이
혼잡하여…

9.5 마이크로 셀 방식

셀이란 단일 기지국에서 커버할 수 있는 범위를 말하며, 마이크로 셀(micro cell) 방식이란 좁은 범위를 커버하는 기지국을 다수 배치하여 지역 전체를 커버하는 방식을 가리킨다. 이동통신 세계에서는 PHS가 이 방식을 사용한다.

PHS의 기지국은 출력이 낮기 때문에 각 기지국은 좁은 범위밖에 커버할 수 없다. 따라서 넓은 지역을 커버하기 위해서는 기지국의 수를 늘려야 한다. 기지국의 설치 비용 자체는 저렴하지만, 지역 내에 빠지는 곳이 없게 배치하려면 그 수가 꽤 많아진다. 따라서 지역을 확장하는 데는 많은 시간과 비용이 소요되는 것이 일반적이다. 어떻게 보면 비효율적으로 보이는 마이크로 셀 방식이지만, 다수의 기지국을 이용하여 지역을 커버하는 방식이라는 특성이 하나의 기지국에 접속하는 이용자의 수를 줄일 수 있다는 장점도 있다.

일반적으로 하나의 기지국에 많은 이용자가 접속하면, 그 기지국이 커버하는 범위는 처리가 늦어져서 전화 연결이 잘 안 되거나 통신 속도가 급격히 저하되는 등의 장애가 발생한다. 그러나 PHS와 같은 마이크로 셀 방식은 여러 개의 기지국이 설치되어 있으므로 지역 내에서 부하가 분산되기 쉽고 이런 문제가 발생하기는 어렵다.

이러한 특성에 주목하여 원래는 매크로 셀 방식을 이용하는 휴대폰 서비스 분야에서도 인구 밀도가 높은 도심 등에 마이크로 셀 방식을 도입하는 사업자가 생겨나고 있다.

관련 용어

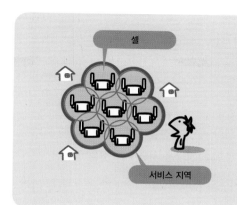

셀

하나의 기지국에서 커버할 수 있는 범위는 좁지만 여러 개를 배치함으로써 영역 전체를 커버하는 방식을 마이크로 셀 방식이라고 한다. 주로 PHS가 사용하고 있다.

서비스 지역

이것

셀이란 하나의 기지국이 커버할 수 있는 전파의 범위를 말한다.

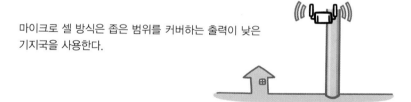

마이크로 셀 방식은 좁은 범위를 커버하는 출력이 낮은 기지국을 사용한다.

여러 개의 기지국을 사용하여 지역 전체를 커버하기 때문에…

각각의 기지국에 발생하는 부하가 분산된다.

여보세요

여보세요

9.6 핸드오버

핸드오버(handover)란 이동하면서 통화나 패킷 통신을 이용하고 있을 때 휴대폰이나 PHS 등의 전화기 본체가 접속 중인 기지국을 전환하는 것을 말한다.

휴대폰 등의 이동통신 서비스는 기지국을 하나의 '셀'로 간주하고 그 셀을 여러 대 배치함으로써 서비스 영역을 커버하는 것이 특징이다. 이때 한 셀이 커버하는 범위가 정해져 있으므로 셀과 셀 사이에는 경계가 존재한다. 그리고 이동하면서 통화를 하면 당연히 경계를 넘는 경우도 발생한다.

셀 경계에서 전파가 약해졌을 때 그 시점에서 좀 더 강한 전파를 발산하고 있는 기지국에 연결되도록 접속을 전환 처리하는 것이 바로 '핸드오버'다.

통화나 패킷 통신 등의 서비스는 기지국과 접속함으로써 이루어진다. 따라서 접속 중인 기지국이 커버하고 있는 범위 밖으로 나가면 접속이 끊겨서 서비스도 종료된다. 그렇게 되기 전에 이동한 지역을 담당하는 기지국으로 접속을 전환하여 서비스를 계속 받을 수 있도록 하는 것이다.

예전 PHS는 핸드오버 처리가 약했다. 처리 자체에 시간이 걸릴 뿐만 아니라 전환 시 통화가 끊어지기도 했다. 마이크로 셀 방식이므로 기지국의 커버 범위가 좁아 핸드오버도 자주 발생했고, 고속 이동 중에는 처리가 미처 따라가지 못해 통화가 끊어지기도 해서 'PHS는 잘 끊어진다'는 악평을 받게 되었다.

현재는 PHS에서도 처리가 개선되었고, 휴대폰을 비롯한 대부분의 경우에서 순식간에 처리가 끝나므로 이용자가 핸드오버를 의식하는 경우는 거의 없다.

관련 용어

핸드오버란
휴대폰이나 PHS가 통화하는
동안 연결된 안테나 기지국을
전환하는 것을 말한다.
이동하면서 전화 서비스를
이용하는 데 필수적인
기술이다.

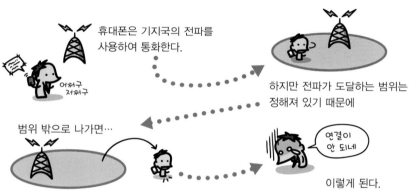

휴대폰은 기지국의 전파를
사용하여 통화한다.

하지만 전파가 도달하는 범위는
정해져 있기 때문에

범위 밖으로 나가면…

연결이
안 되네

이렇게 된다.

그래서 기지국의 전파는 서로 겹치도록 배치되어 있다.

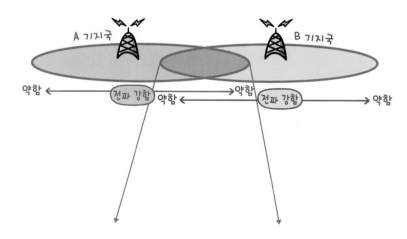

전파는 기지국에서 멀어질수록 약해지므로 겹친 부분에서 전파가 강한 쪽으로 전환하도록 되어 있다. 그래서 통화가 중단되지 않는 것이다.

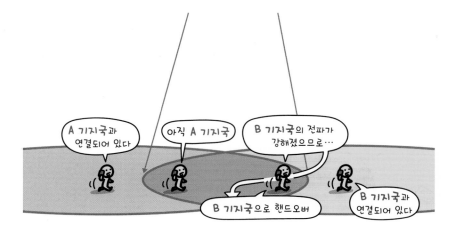

9.7 로밍

로밍(roaming)이란 다른 여러 휴대폰 회사의 서비스를 이용할 수 있도록 하는 것이다.

예를 들어 국내의 휴대폰 회사와 계약한 후 그 전화기를 가지고 해외에 나갔다고 하자. 국내 휴대폰 회사가 국외에까지 기지국을 설치하는 것은 불가능하기 때문에 원래는 그 전화기를 국외에서 사용할 수 없다.

로밍은 이렇게 '서비스 지역 외'로 나왔을 때 현지에 있는 통신 설비로 음성 서비스 등을 사용할 수 있도록 하는 것이다. 휴대폰이나 PHS 등의 서비스 사업자가 서로 제휴해 서비스 지역 외에서도 타 사업자의 기지국을 사용하는 방식으로 실현하고 있다.

이와 같이 편리한 로밍 서비스지만 이용료 면에서는 주의가 필요하다. 타사의 설비를 이용하기 때문에 로밍에 의한 통화나 패킷 통신에는 대부분 할인이나 정액제 서비스가 적용되지 않으며, 고액의 이용료가 청구되는 경우도 드물지 않다. 휴대폰 회사의 웹 사이트나 팜플렛 등에서 로밍할 때 어떤 제한이 있는지를 반드시 체크해야 한다.

관련 용어

휴대폰	286	PHS	289
스마트폰	292	패킷 통신	304

로밍이란 다른 여러 전화 회사의 서비스를 받을 수 있도록 하는 것을 말한다.
로밍 서비스에 의해 해외에 나가서도 한국에서 사용하던 휴대폰을 그대로 사용할 수 있다.

일반적으로 휴대폰은 계약하고 있는 사업자의 서비스 지역 내에서만 사용할 수 있다.

하지만 사업자가 서로 연계하면

서비스 지역 외부에서도 통화를 할 수 있게 된다.

9.8 패킷 통신

디지털 데이터를 작은 패킷(소포)으로 분할해서 하나씩 송수신하는 방법으로 통신하는 것을 패킷 통신(packet switching)이라고 한다.

휴대폰으로 음성 통화를 하는 경우, 통화 상대와 자신을 연결하는 통신 회선을 점유하는 형태가 되는 것이 일반적이다. 그 지역의 통신 회선이 모두 점유된 상태라면 다른 사람은 회선에 여유가 생길 때까지 기다려야 한다. 물론 통화 중인 회선에 전화가 걸려 와도 그 회선은 이미 점유되어 있으므로 전화를 받을 수 없다. 이는 통화 서비스가 '회선 교환 통신'이라는 방식으로 연결되어 있기 때문이다.

그러나 패킷 통신 방식은 회선을 점유하는 경우가 없다.

패킷이라는 형태로 잘게 나누어진 통신 데이터를 회선의 상태를 확인해서 상대방에게 전송한다. 회선을 공유하는 사람들이 모두 그렇게 '세분화된 데이터'를 조금씩 교대로 전송하므로 하나의 회선을 여러 사람이 공유해 사용할 수 있다.

패킷 통신을 실시하는 서비스는 주로 메일 송수신이나 인터넷의 열람, 인터넷을 이용한 휴대폰용 애플리케이션 등이다. 모두 디지털 데이터를 송수신하기 때문에 패킷 통신 방식과 그 특성이 잘 맞는다.

회선 교환 통신의 경우는 점유 시간, 즉 통화 시간에 따라 과금되지만, 패킷 통신의 경우는 '송수신한 데이터양'에 따라 과금되는 것이 일반적이다.

관련 용어

패킷 통신은 디지털 데이터를 작은 패킷(소포)으로 분할하고 하나씩 송수신함으로써 통신하는 방법이다. 메일 송수신이나 인터넷의 열람 등에 사용된다.

전화는 통신 중에 회선을 점유하는 것이 일반적이다.

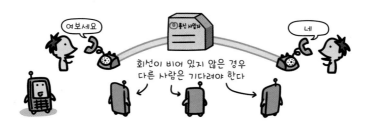

따라서 음성 전화는 점유 시간에 따라 과금되며 통화료를 받는다.

한편 패킷 통신은 데이터를 잘게 나누어서…

이를 모두가 조금씩 회선에 전송한다.

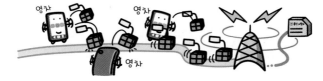

모두가 회선을 공유할 수 있으므로 '통화 중'처럼 회선을 점유할 염려가 없고, 송수신한 패킷 수에 대해 과금한다.

9.9 테더링

스마트폰과 같은 고기능 단말기의 기능 중 하나다. 이 기능을 사용하면 스마트폰을 외장 모뎀 또는 무선 LAN 액세스 포인트로 작동시킬 수 있으며, 다른 컴퓨터에 인터넷 연결을 제공할 수 있다.

테더링(tethering)으로 실시하는 인터넷 접속에는 휴대폰 회사 네트워크의 디지털 통신 서비스를 이용한다. 따라서 이 기능을 이용할 수 있는 스마트폰을 한 대 가지고 있으면, 휴대폰 회사의 서비스 지역 내 어디에서나 노트북이나 태블릿 제품(아이패드(iPad) 등)을 인터넷에 연결할 수 있다.

기존에는 이렇게 사용할 경우 별도의 데이터 통신 전용 단말이나 카드를 계약하는 것이 일반적이었다. 사용자 입장에서 보면 기존에는 따로 계약했어야 할 기능을 스마트폰 한 개에 집약할 수 있다는 장점이 생겼다. 최근에는 테더링에 별도 요금을 부과하지 않으므로 요금 측면에서도 좋다.

그러나 PC의 통신은 스마트폰 단독으로 행해지는 통신보다 데이터양이 커지기 쉬우므로 PC에 테더링을 할 경우 부하가 증가하는 것을 어떻게 해야 할지 서비스를 제공하는 쪽에서 고민 중이다. 현재는 각 회사가 월별로 통신량을 제한하여 이 문제에 대처하고 있다.

관련 용어

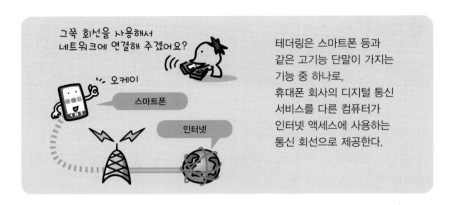

테더링은 스마트폰 등과
같은 고기능 단말이 가지는
기능 중 하나로,
휴대폰 회사의 디지털 통신
서비스를 다른 컴퓨터가
인터넷 액세스에 사용하는
통신 회선으로 제공한다.

스마트폰이 잘 팔리는 이유 중 하나는 어디서나 패킷 통신이 가능하다는 점
이다.

스마트폰을 외장 모뎀이나 무선 LAN의 액세스 포인트로서 동작시키는 것이 테
더링이다. 테더링을 통해 다른 컴퓨터에 인터넷 연결을 제공한다.

9.10 혼잡

'혼잡(congestion)'이란 물건이 한 곳에 모여 복잡한 것을 말한다. 통신 세계에서는 '회선이 혼잡하다'라는 의미로 이 말을 사용한다. 예를 들어 티켓 예약으로 전화가 폭주하면 '지금 회선이 혼잡하오니 잠시 후에 다시 걸어 주세요'와 같은 안내를 내보내곤 한다. 그 회선이 혼잡 때문에 연결하기 어려운 상태인 것이다.

특히 재난 발생 시 서로 안부를 확인하거나 연말연시에 인사를 전하는 경우에 많이 발생한다. 일단 한번 연결하기 어려워지면 다시 반복해서 거는 사용자가 많으므로 다시 새로운 혼잡을 초래해 상황을 악화시키는 악순환으로 연결된다.

혼잡 현상은 음성 통화에서만 발생하는 것이 아니라, 패킷 통신과 같이 '여러 사람이 회선을 공유해 이용할 수 있는 특성'을 가진 데이터 통신에서도 마찬가지로 발생한다.

패킷 통신에서의 혼잡 현상은 네트워크에 유입되는 데이터양이 통신 회선의 허용 범위를 초과하는 경우에 발생한다.

회선에 전송되는 패킷은 순서대로 네트워크의 중계 기능을 가지는 라우터에 운반된다. 그리고 자신의 순서가 올 때까지 '전송 대기' 상태로 기다린다. 하지만 그 수가 너무 많으면 계속 기다려도 전송 순서가 돌아오지 않는다.

그 결과 패킷의 지연이나 손실이 발생하여 메일 등의 디지털 데이터를 송수신할 수 없게 된다.

관련 용어

최근에는 패킷 통신의 이용이 증가하는 추세이므로, 일부 휴대폰 회사에서는 특히 도시에서 이러한 패킷 통신의 혼잡이 빈번하게 발생하며 '연결되지 않음', '메일을 볼 수 없음'과 같은 심각한 상황이 발생하는 경우도 있다.

혼잡이란 회선이 복잡한 상태를 말한다.
기지국이 처리할 수 있는 접속 인원 수를 넘어 버렸거나 처리 능력 이상의 패킷이 흘러들어 왔을 때 발생하며, 연결되지 않거나 메일이 도착하지 않는 등의 문제를 일으킨다.

휴대폰은 가장 가까운 기지국과 연결하여 통신을 수행한다.

그러나 하나의 기지국에 접속할 수 있는 기기의 대수는 한계가 있다.

그러나 너무 많은 사람이 한꺼번에 전화하려고 하면…

이렇게 되면 연결할 수 없는 사람이 생긴다.

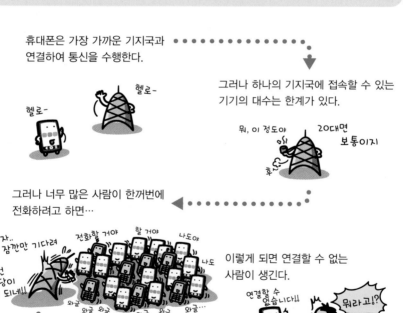

일본에서는 대지진과 같은 재난 발생 시 혼잡에 의한 통신 장애를 피하기 위해 110번, 119번 등의 긴급 통화를 제외하고는 통화 규제를 실시하기도 한다.

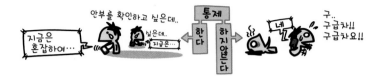

9.11 SIM 카드

SIM 카드(Subscriber Identity Module Card)란 휴대폰 본체에 꽂아 사용하는 IC 카드를 말한다. 휴대폰 회사와 계약할 때 휴대폰 회사가 발행하는 신용카드 크기만한 것으로, 그중 IC 칩 부분만 분리해 사용한다. SIM 카드 내부에는 고유의 ID 번호가 기록되어 있어 이 정보에 근거해 계약자 정보를 판별한다.

계약자 정보에는 이용자의 전화번호도 포함된다. 따라서 지원하는 전화기만 있으면 언제라도 SIM 카드를 교환하여 자신의 전화번호를 이용할 수 있다. 즉, 한 장의 SIM 카드로 여러 대의 전화기를 사용할 수 있고, 반대로 한 대의 전화기를 여러 개의 SIM 카드로 전화번호를 바꿔 가며 사용할 수도 있다.

SIM 카드는 세계적으로 널리 이용되던 GSM 방식(2G), W-CDMA 방식(3G)과 그 이후 세대 방식의 휴대폰이 지원한다. 따라서 기본적으로는 해외의 GSM 방식 휴대폰이나 W-CDMA 방식을 채택한 국내의 SKT, KT의 휴대폰에는 호환성이 있어 SIM 카드를 바꿔 이용할 수 있다. 그러나 국내 휴대폰 회사는 전화기에 흔히 'SIM 락'이라는 제한을 걸어 전화기 본체의 이용을 자사 서비스에 한정하는 경우가 많다. 이 경우 같은 휴대폰 회사 내의 전화기라면 SIM 카드를 교환할 수 있지만, 타사의 전화기에는 SIM 카드를 꽂아도 이용할 수 없다.

반대로 이러한 제한이 없는 것을 'SIM 프리'라고 부른다. SIM 프리의 휴대폰은 모든 휴대폰 회사의 SIM 카드를 교체하여 사용할 수 있다.

관련 용어

SIM 카드란 휴대폰 본체에
꽂아 사용하는 IC 카드를 말한다.
IC 칩 내에는 고유의 ID 번호가
기록되어 있어 계약자 정보를
판별할 수 있다.

SIM 카드 속에는 ID 번호 외에 자신의 전화번호를 비롯한 다양한 정보가 들어
있다.

그리고 SIM 카드는 휴대폰 본체에 '전화번호'를 부여하는 역할을 맡고 있다.

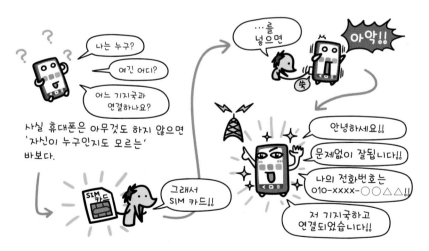

SIM 카드를 지원하는 전화기가 여러 대 있으면 SIM 카드를 교환하여 언제라도 사용할 수 있다.

10^장

보안

10.1 컴퓨터 바이러스

다른 사람의 컴퓨터에 들어가 피해를 발생시키는 부정한 프로그램을 말한다. 정의에 따르면, 바이러스는 다음 세 가지 기능 중 하나 이상을 가지고 있는 것을 말한다. 자기 자신을 증식하면서 감염을 넓혀가는 모습이 실제 바이러스와 닮아 있기 때문에 이렇게 부르게 되었다.

- **자기 전염 기능**: 자기 자신의 기능, 혹은 시스템의 기능을 이용해 스스로를 다른 시스템에 복사하여 전염시키는 기능
- **잠복 기능**: 발병하기 위한 조건을 기억하고 그때까지 증상을 발생시키지 않는 기능
- **발병 기능**: 프로그램이나 파일을 파괴하는 등 사용자가 의도하지 않은 동작을 하는 기능

감염은 기본적으로 '인터넷에서 다운로드한 파일'이나 '이메일에 첨부된 파일', '다른 사람에게 빌린 USB 메모리 등과 같은 이동식 미디어'를 통해 이루어진다. 이런 경우에는 파일을 열거나 실행하지 않는 한 감염이 되지 않는다. 좁은 의미의 바이러스는 '숙주가 되는 프로그램 파일이 실행되어 감염 대상을 넓히는 것'을 가리키며, 다음 두 종류와는 명확하게 구별된다.

'웜'이라는 종류의 바이러스는 이러한 매체를 거치지 않고 컴퓨터에 침입하여 감염을 넓혀 나간다. 이는 시스템에 생긴 '시큐리티 홀'이라는 보안상의 허점을 이용한 것으로, 인터넷 등의 네트워크를 통해 무방비인 컴퓨터를 찾아내서 감염 활동을 실시한다.

또한, 바이러스의 한 종류인 '트로이 목마'는 얼핏 보면 일반적으로 사용하는 소프트웨어인 것 같지만 실제로는 뒤에서 비밀번호 정보를 빼내는 등 시스템에 부정한 동작을 수행하는 것에 해당한다. 그러나 최근에는 시스템을 파괴하지 않고 정보를 훔치는 것만을 목적으로 하는 것을 '스파이웨어'라고 부르며 바이러스와 구별하는 것이 일반적이다.

이 모두를 총칭하는, 즉 '컴퓨터에 피해를 주는 프로그램 전반'을 나타내는 용어가 바로 '멀웨어'다. 감염을 방지하거나 치료하기 위해서는 '안티바이러스' 혹은 '백신'이라고 부르는 소프트웨어를 사용한다.

바이러스의 정의에 의하면, 다음 세 기준 중 하나라도 해당되면 컴퓨터 바이러스라고 여겨지고 있다.

침입은 네트워크를 통하거나 전자 메일 첨부 파일을 통하는 것이 일반적이다.

OS를 자주 업데이트하거나 백신 프로그램을 사용하는 것이 바이러스를 예방하는 데 효과적이다.

10.2 침입

침입(승인되지 않은 접근, 부정 액세스)이란 특정 컴퓨터에 대해 원래는 액세스할 권한이 없는 사람이 인터넷이나 LAN 등의 네트워크 회선을 통해 침입하는 (혹은 침입을 시도하는) 행위를 말한다.

침입의 목적은 크게 두 가지, 즉 '데이터나 금전의 부정 입수, 삭제, 변조'와 '다른 부정 행위를 위한 발판'으로 나눌 수 있다. 전자는 기밀 정보의 유출이나 변조 또는 인터넷 뱅킹에 로그인하여 부정하게 송금하는 등의 피해를 생각해 볼 수 있다. 후자는 다른 컴퓨터에 침입하기 위한 중계 지점으로 사용하여 흔적을 숨기거나(때로는 범인으로 누명을 씌움), 어떤 서버에 대량의 액세스를 집중시켜 시스템을 다운시키는 공격을 위한 하나의 '말(기물)'로서 사용하는 것을 생각할 수 있다.

침입에 대한 정의는 다음과 같다.

- 다른 사람의 ID나 비밀번호를 도용해 시스템을 이용 가능하게 하는 행위
- 부정한 수단으로 네트워크의 액세스 인증을 돌파해서 내부 시스템을 이용 가능하게 하는 등의 목적에 이르는 행위
- 그 이외의 수법(시큐리티 홀을 이용하는 등)에 의해 시스템을 부정하게 이용 가능하도록 하는 행위

관련 용어

침입이란 특정 컴퓨터에 대해 원래 액세스 권한을 가지지 않은 사람이 네트워크 회선을 통해 침입하는(혹은 침입을 시도하는) 행위를 말한다.

다음은 대표적인 공격 수법의 예다.

브루트 포스 공격 → 특정 ID에 대해 비밀번호로 사용할 수 있는 문자의 조합을 처음부터 끝까지 모두 시험하는 방법이다. 무작위 대입 공격이라고도 한다.

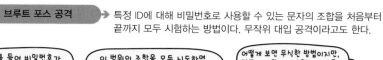

리버스 브루트 포스 공격 → 브루트 포스 공격의 반대로, 비밀번호를 알고 있으며 ID로 사용할 수 있는 문자의 조합을 처음부터 끝까지 모두 시험하는 방법이다.

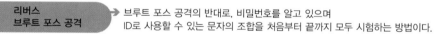

SQL 인젝션 → 사용자가 입력한 값을 데이터베이스에 요청해 처리를 실시하는 웹 사이트에 악의가 있는 요청이나 조작을 수행하는 코드를 입력 내용에 넣어서 데이터베이스의 데이터를 부정하게 취득하거나 변조하는 방법이다.

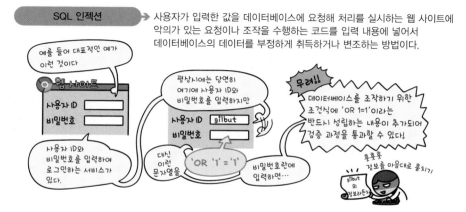

10.3 소셜 엔지니어링

소셜 엔지니어링(social engineering)(사회 공학)은 컴퓨터에 직접 침투하지 않고 사람의 심리적 부주의를 이용해 정보 자산을 훔치는 행위다.

사용자 인증을 철저하게 실시하여 보안 취약점이 없는 엄중한 시스템을 만들어도 이를 이용하는 것은 결국 사람이다. 따라서 중요한 사용자인 사람 자체가 방심하고 있다면 사람으로부터 소중한 정보가 유출될 위험이 있다. 이를 노리는 것이 소셜 엔지니어링이다. 침입으로 네트워크를 넘어 행해지는 사이버 공격과는 정반대로, 옛날에 사용하던 고전적인 공격 방법을 취한다.

대표적인 예를 몇 개 들면, 입력하고 있는 비밀번호를 어깨 너머로 훔쳐보거나(숄더 서핑(shoulder surfing)), 네트워크 관리자인 척 신분을 사칭해 비밀번호나 기밀 정보를 알아내거나, 사무실 쓰레기통을 뒤져서 유용한 정보를 훔치는(스캐빈징(scavenging)) 것 등이 모두 소셜 엔지니어링 수법이라고 할 수 있다.

흔한 우스갯소리로 '네트워크에 로그인하는 비밀번호를 포스트잇에 써서 모니터 가장자리에 붙여 둔다'면 공격자에게 좋은 먹잇감이 되는 것이다.

시스템적으로 소셜 엔지니어링에 대처할 방법은 없다. 사내 규칙을 정해 교육을 실시하는 등 한 사람 한 사람의 의식 수준을 개선해 나가는 것이 중요하다.

관련 용어

침입	319	컴퓨터 바이러스	316
LAN	072		

소셜 엔지니어링은
컴퓨터 시스템과 관련이 없는
곳에서 사람의 심리적 부주의를
이용해 정보 자산을 훔치는
행위다.

소셜 엔지니어링의 예를 들면 다음과 같다.

이에 대한 대책으로는 '중요 서류의 처리 방법을 마련하고 이를 철저히 지킨다'
라는 식으로 사내 규칙을 정하는 것뿐만 아니라, 교육을 통해 한 사람 한 사람
의 의식 수준을 개선해 나가는 것이 중요하다.

10.4 비밀 키 암호화 방식

인터넷처럼 불특정 다수가 이용하는 네트워크에서 통신할 때는 그 경로에서 '주고받은 데이터가 도청당할 위험'이 항상 존재한다.

이때 '도청되지 않도록'이 아니라 '도청되어도 내용을 모르게'라는 생각에서 데이터의 내용을 제3자가 알 수 없는 형태로 변환하는 것을 암호화라고 한다.

암호화를 이해하는 데 필요한 것은 '암호화 알고리즘'이라는 개념이다.

예를 들어 A 씨가 B 씨에게 '내일은 맑음'이라는 글을 보낸다고 하자. 이때 A 씨와 B 씨 사이에 한 가지 규칙을 정했는데, '맨 뒤에 있는 글자를 맨 앞으로 보낸다'는 규칙이다. 그러면 전송되는 글은 '음 내일은 맑'이 된다.

중간에 이 글을 본 사람은 '음 내일은 맑'이라고 써 있어서 진짜 의미를 모른다.

규칙을 알고 있는 B 씨가 이 문장을 받으면 맨 앞의 글자를 맨 뒤로 보낸 뒤 원래의 문장인 '내일은 맑음'이라는 문장을 얻는다(이렇게 원래 형태로 되돌리는 것을 복호화라고 한다). 이러한 규칙이 암호 알고리즘이다. 암호화 세계에서는 이 규칙을 '키'라고 부른다. 비밀 키 암호화 방식(secret key encryption)은 위와 같이 보내는 쪽(암호화하는 쪽)과 받는 쪽(복호화하는 쪽)이 같은 키를 공유하여 실시하는 암호화 방식이며, 대칭키 암호화 방식이라고도 한다.

이 방식은 제3자에게 키의 내용이 알려지면 암호화의 의미가 없어지기 때문에 키는 비밀로 해야 한다. 비밀 키라는 이름은 거기에서 온 것이다.

관련 용어

보내는 쪽(암호화하는 쪽)과 받는 쪽(복호화하는 쪽)이 같은 키를 공유해 실시하는 암호화 방식을 비밀 키 암호화 방식 이라고 한다.

대칭키 암호화 방식 이라고도 한다

특정 규칙을 이용하여 데이터의 내용을 제3자가 모르는 형태로 변환하는 것을 암호화라고 한다.

이때 이용하는 '특정 규칙'을 키라고 부른다. 실제로는 이보다 복잡한 규칙의 키를 서로 공유하여 안전하게 주고받는 것이 비밀 키 암호화 방식이다.

이 방식은 통신 상대의 수만큼 비밀 키가 필요하므로 키를 관리하기가 힘들다. 또한, 비밀 키를 어떻게 상대에게 건네줄 것인지도 고민해야 할 문제다.

10.5 공개 키 암호화 방식

공개 키 암호화 방식(public key encryption)은 암호화와 복호화에 서로 다른 키를 사용하는 것이 특징이다.

먼저 수신자는 개인 키와 공개 키 쌍을 갖는다. 공개 키는 널리 공개해도 상관 없는 키로, '자신에게 데이터를 보낼 때는 이것으로 암호화해 주세요'라고 송신 자에게 건네준다.

송신자는 공개 키를 사용해 데이터를 암호화한 후 수신자에게 송신한다. 이때 암호화된 데이터는 비밀 키가 아니면 복호화할 수 없는 형식으로 되어 있다.

수신자는 송신되어 온 데이터를 자신의 비밀 키를 이용해 복호화한다.

얼핏 '키를 공개해도 괜찮은 건가?'라는 생각이 드는 방식이지만, 공개된 키는 암호화에만 사용할 수 있으므로 도중에 데이터를 도청당할 우려는 없다.

관련 용어

공개 키 암호화 방식은 비밀 키 암호화 방식에 비해 암호화나 복호화에 상당한 처리 시간이 필요하다. 따라서 이용 형태에 따라 양쪽을 구분하는 것이 일반적이다.

예를 들면, HTTPS에서 사용하는 암호화 프로토콜의 SSL은 우선 웹 사이트와 공개 키 암호화 방식을 이용한 통신을 실시한다. 공개 키 암호화를 통해 비밀 키를 클라이언트와 서버가 공유하고, 이후에는 비밀 키 암호화 방식에 의해 통신이 수행되는 방식이다.

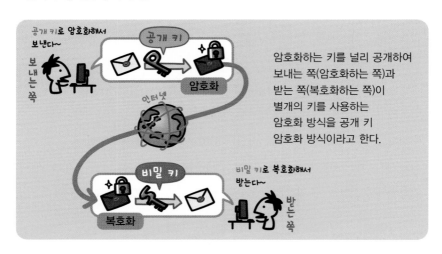

암호화하는 키를 널리 공개하여 보내는 쪽(암호화하는 쪽)과 받는 쪽(복호화하는 쪽)이 별개의 키를 사용하는 암호화 방식을 공개 키 암호화 방식이라고 한다.

공개 키 암호화 방식에서는 수신자가 비밀 키와 공개 키 쌍을 가지고 있다.

데이터를 보내는 사람은 받는 사람의 공개 키를 사용하여 데이터를 암호화한다.

공개 키는 비밀 키로만 복호화할 수 있기 때문에 다른 사람이 그 키로 내용을 볼 수는 없다.

공개 키로 암호화된 데이터는 비밀 키의 소유자만 복호화하여 열람할 수 있다.

10.6 디지털 서명

인터넷처럼 불특정 다수가 이용하는 네트워크에서 통신할 때, 그 경로에 존재하는 위험은 단지 도청만이 아니다. 무사히 데이터가 도착한 것처럼 보여도 실은 주고받는 도중에 데이터가 변조될 우려도 있고, 애초에 주고받는 상대로 신분을 도용하는 위험성도 무시할 수 없다.

이때 디지털 서명(digital signature)을 사용한다.

디지털 서명은 공개 키 암호화 방식의 기술을 이용하여 발신자가 신분 도용되지 않은 것을 증명하며, 데이터가 변조되지 않았음을 증명한다.

디지털 서명은 송신 데이터에 해시 함수를 사용하여 메시지 다이제스트(message digest)라는 짧은 요약 데이터를 작성한다. 이를 해시화라고 한다. 해시 함수에 의해 생성되는 메시지 다이제스트는 원 데이터가 동일하다면 반드시 생성되는 데이터도 동일하다.

보내는 사람은 이를 자신의 비밀 키로 암호화한 후 상대에게 송신한다.

공개 키 암호화 방식은 공개 키에 의해 암호화한 것은 비밀 키가 아니면 복호화할 수 없지만, 반대의 경우도 마찬가지라서 비밀 키로 암호화한 것은 공개 키가 아니면 복호화할 수 없다.

즉, 받은 사람이 수신한 메시지 다이제스트를 송신자의 공개 키를 이용해 복호화할 수 있다면 '틀림없이 공개 키의 소유자가 보내 온 데이터'라는 사실이 증명되는 것이다.

관련 용어

다음으로 복호화 결과인 메시지 다이제스트와 수신한 원래 데이터로부터 받은 사람이 생성한 메시지 다이제스트를 맞춰본다. 이것이 일치하면 '데이터가 변조되어 있지 않다'는 점이 증명된다.

디지털 서명은 발신자의 정당성과 내용의 확실성을 담보하기 위한 서명 기술이다. 불특정 다수가 이용하는 인터넷과 같은 네트워크에서 '신분 도용'이나 '데이터 변조' 같은 위험성을 방지하기 위해 사용한다.

디지털 서명은 송신 데이터에서 메시지 다이제스트를 생성하고, 송신자의 개인 키로 암호화한 것이다.

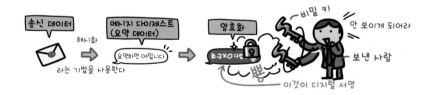

공개 키와 비밀 키가 쌍으로 이루어진 것은 어느 한쪽이 암호화 전용이 아니며, 다음 그림과 같이 생각하면 된다(한쪽 키로 암호화하면 반대쪽 키로 복호화한다).

따라서 받은 사람은 수신한 디지털 서명을 보낸 사람의 공개 키로 해독할 수 있다. 이것으로 보낸 사람을 증명할 수 있다.

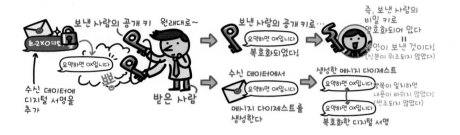

10.7 CA

CA는 Certification Authority의 약어로, '인증 기관'을 의미한다.

공개 키 암호화 방식과 이를 이용한 디지털 서명은 인터넷처럼 불특정 다수가 통신하는 환경에서 '도청', '신분 도용', '변조' 같은 위험을 피하기 위해 꼭 필요한 기술이다. 그러기 위해서는 공개 키와 비밀 키 한 쌍을 가지고 이를 이용하여 다양한 증명을 하는데, 만약 그 키 자체가 가짜라면 어떨까?

키를 사용해 데이터의 정당성을 증명하는데, 키가 가짜라면 증명 수단이라는 이론의 근본이 성립되지 않는다. 즉, 신용할 수 있는 제3자가 '이 공개 키는 확실히 본인의 것이다'라고 증명할 수 있어야 한다.

이를 수행하는 것이 CA(인증 기관)이다.

증명을 받을 서버는 공개 키와 개인 키 한 쌍을 생성하고 공개 키를 CA에 등록한다. CA는 이 등록 정보로부터 메시지 다이제스트를 만들고 이를 자신의 개인 키로 암호화하여 디지털 서명을 만든다. 이 서명과 등록된 공개 키를 세트로 디지털 증명서를 발행한다.

클라이언트가 서버에 대한 연결을 요청하면 서버는 디지털 인증서를 보낸다. 클라이언트는 디지털 인증서에서 CA의 디지털 서명 부분을 CA의 공개 키로 해독하고, 이것이 올바르게 검증되면 인증서에 포함된 공개 키는 CA에 의해 보증되는 올바른 키라고 간주한다.

관련 용어

이후에는 그것을 이용해 통신을 수행하여 '신분 도용'을 피할 수 있는 것이다.

이러한 인증 기관과 공개 키 암호화 기술을 이용하여 통신의 안전성을 보증하는 구조를 공개 키 기반 구조(Public Key Infrastructure, PKI)라고 한다.

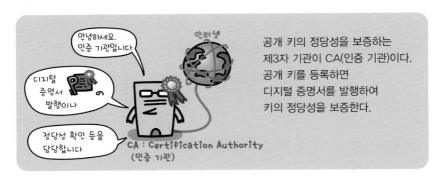

디지털 서명은 공개 키 암호화 방식으로 도용을 막아 통신의 안전성을 유지한다. 하지만 원래 거기에서 사용되는 키의 쌍이 이미 가짜였다면 이에 의한 도용을 막을 수는 없다.

그래서 신용할 수 있는 제3자가 '이 공개 키는 확실히 본인의 것이다'라고 증명해 줄 수 있는 기관을 생각하게 되었다. 그것이 CA(인증 기관)이다. CA는 다음과 같은 절차를 통해 공개 키의 정당성을 보장한다.

① 공개 키를 CA에 등록한다.

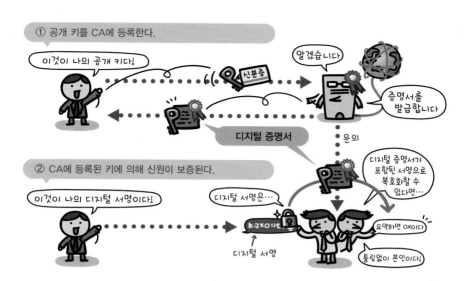

디지털 증명서

② CA에 등록된 키에 의해 신원이 보증된다.

이 책을 읽어 주셔서 감사합니다.

이 책은 '왜 이런 책이 없을까'라고 평소 생각했던 것을 그대로 반영해 만들어 낸 책입니다.

'왜 비유하여 알기 쉽게 설명한 책이 없을까?'

'왜 그림이라면서 사각형과 화살표밖에 없을까?'

그런 '왜'에 대해 제가 표현하고 싶은 것들을 담았습니다.

옛날 이야기입니다만, 프로그래머로 일할 무렵에 용어 사전 같은 책을 가지고 있던 사람이 있었습니다. 초보자였기 때문에 기특하다고 생각되어 물어보면, '이거 어려워서 잘 모르겠습니다'라는 대답이 돌아왔습니다. 간결하게 정리되어 있어 매우 읽기 쉬운 책이었지만, 아무래도 이것만으로 개념을 이해하기는 어려운 듯했습니다.

하지만 주변에 있는 것에 빗대어 설명하면 그 사람도 쉽게 이해할 수 있는 내용들이었습니다.

이 책에서는 그러한 사람에게 설명하는 기분으로, 그 개념을 그대로 그림으로 만들었습니다. 그러므로 글을 열심히 읽어서 이해하기보다는 그림을 보면서 이해하는 것을 추천합니다.

만약 이 책을 읽고 '난해하다'고 느꼈다면 그림만 보고 그 이미지를 머릿속에 남겨 두세요. 분명 그 용어를 접할 때마다 머리에 그 이미지가 떠오르고, 언젠가는 '아, 이런 의미였구나'라고 이해할 수 있는 날이 올 것입니다.

마지막으로, 이 책의 취지를 이해해 주고 출판할 수 있는 기회를 주신 편집자분들에게 감사의 뜻을 전합니다.

2002년 11월

기타미 류지